PRESENCE

日本最高の
英語コーチング
スクール
プレゼンス式
TOEIC® L&Rテスト
勉強法

プレゼンス［編］

ダイヤモンド社

はじめに　TOEICの勉強をしてもスコアが伸びない理由

「1年以上TOEICの勉強をしているのに、スコアがほとんど伸びない」

「今まで50万円以上教材やスクールに使っているのに、ほとんど効果がない」

「勉強法の流派が多すぎて、何が正解かわからない。自信を持てないから勉強に身が入らない」

　東京・表参道にある「プレゼンス」という英語スクールには、このような悩みを抱えたビジネスパーソンが後を絶ちません。その数は2001年に開校して以来、英会話やTOEFLテストのコースも含めると2万5000人を超えます。

　TOEICスコアアップのためのさまざまな情報がWebサイトや書店にあふれています。会社によってはTOEICのスコアを昇進や海外駐在の条件にしているところもあるでしょう。情報もあり、動機も十分、それでも非常に多くの人が「受けても受けてもスコアが上がらない」と悩んでいる。それがTOEICの特徴です。

　本書は、3カ月でTOEIC150点アップを実現するために、「何を」「どのように」やればいいのか、プレゼンスによるメソッドを紙面を尽くしてお伝えする本です。

　これまで多くの時間とお金をTOEICに投じてきた人にとっては「3カ月で150点なんてありえない」と思うかもしれません。実際、「2年前からずっと勉強してきたのに、スコアの伸びは50点程度」という人も珍しくはありません。

　本書の特徴は、**創業者やコーチ陣が20年近くにわたって磨き続けてきたもの**であるのと同時に、**2万5000人を超えるプレゼンスの**

受講生が実際に試し、結果を出してきたメソッドであることです。

　つまり、**誰もが確実に結果を出すことができます**。あるコーチが過去に担当した累計4000人ほどの中でもっとも印象に残っている受講生の1人は、2カ月間で480点から755点に伸ばしています。

（プレゼンスでは2カ月で1コースが終了しますが、本書では独学しやすいように3カ月で終了するようにアレンジをしています）

「仕組み化」と「効率の最大化」で激務の人でも成果が上がる

　多くの人がTOEICを卒業できずにいる一方で、**多忙な職業として真っ先に思い浮かぶようなキャリア官僚、コンサルタント、弁護士、会計士、経営層の方々でもプレゼンスに通学した方は短期間で成果を上げています。**

　その秘密はズバリ、「**仕組み化**」と「**効率の最大化**」です。

「勉強スケジュールは立てるけど、飲みに誘われると断れない。今日できなかった分は明日やればいいやと思うけど、明日になるとまた別の用事が入ったりする。結局最初にやろうと決めたことの半分もできないまま、気づいたらテストの日を迎えている。もちろんスコアは大して変わらない」

　このような経験をしている人は日本中にたくさんいます。こういった悩みを、本書では「**仕組み化**」によって解決します。

　仕組み化とは、「何を」「どのように」やればいいのかはもちろん、「いつ」「どのぐらい」やればいいのかまで、すべて決めるということです。教材を選ぶ手間や、教材の使い方に悩む必要はありません。

　さらに皆さんの生活の中で、何の勉強を、いつやるのが効率的かつ続けやすいかといったことや、決めたことができなかった場合にどのようにリスケすればいいのかも、すべて提示しています。

　150点のスコアアップを実現するために、本書では週12時間の勉

強を3カ月続けることを推奨しています。

　週12時間と聞くと「仕事があるし、そんなの無理でしょ！」と思うかもしれません。ですが、私たちは仕事や私生活に忙しいビジネスパーソンの声を2万5000人分聞いてきています。**どんな激務な人でも週12時間を確保してスコアアップを実現するノウハウを、本書にすべて盛り込んでいます。**

　3カ月間で150点伸ばすためのもう1つの秘密は、「**効率の最大化**」です。たとえば「テスト対策には問題集で問題慣れをすることが大事」と考えている人は多いと思います。確かにそれも大切です。

　しかし問題集だけをやっていればスコアが大きく伸びるかというと、残念ながら難しいでしょう。なぜなら、**図表1**のような悪循環にはまってしまうからです。

[図表1]　勉強しているのにスコアが伸びない理屈

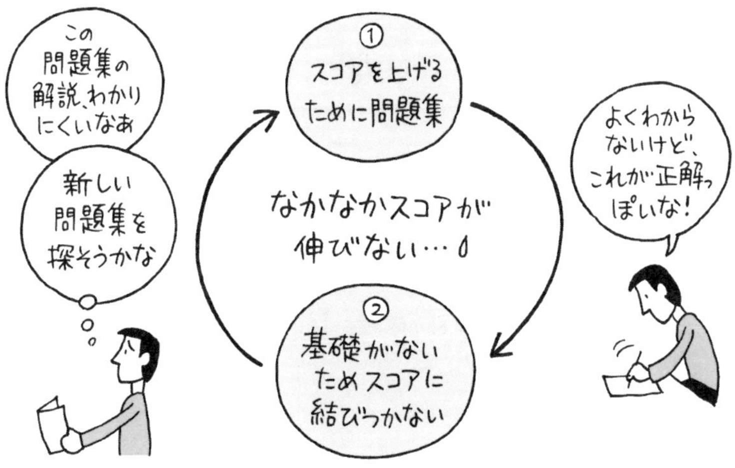

　①スコアを上げるためには問題に慣れることが大事と思い、問題集を買ってきます。そしてやる気満々で解き始めます。しかし②基礎がないために、「よくわからないけど、これが正解っぽいな」という当てずっぽうでしか答えを選ぶことができず、スコアに結びつ

けることができません。

　いつまでたってもスコアが伸びないため、「問題集の解説がわかりにくいからスコアが伸びないんだ」と思い、また新しい問題集を買ってきます。ですが、実際は「問題集の解説がわかりにくい」のは基礎力がないからです。基礎力をつけない以上、①と②を繰り返すことになります。その結果、自宅にTOEICの教材が20冊以上ある人は実際珍しくありません。

　この悪循環から抜け出すために必要なのが、効率の最大化です。たとえば、1時間勉強するならば、問題集を解くのに1時間すべて使うよりも、30分で基礎知識を覚え、残りの30分で問題集に向かったほうがいい。そのほうが「問題慣れ」という目的も果たせますし、最初の30分で覚えた基礎知識を定着させることもできます（**図表2**）。これが効率の考え方です。

[図表2]　効率を最大にする時間の使い方

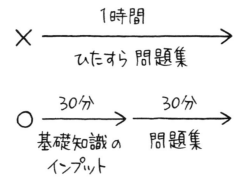

　本書では週に12時間×12週間、つまり合計144時間の勉強量で150点のスコアアップを目指します。この**144時間の中で、何を、どの順番で、どのようにやるのが、もっともスコアアップに効果があるのか**について、徹底的にこだわっています。

　たとえば、単語の暗記であれば、英単語を見て1つの日本語訳がすぐにわかればOKとしています。日本語訳を見て英単語が浮か

ぶ、あるいはスペルまで正確にわかるということは、少なくとも
TOEIC対策にとってやらなくてもいいことです。

　英会話やメールで使うことを考えると、日本語訳を見て英単語が
頭に浮かぶかも大切です。しかし、TOEICにはあまり効果があり
ませんので、144時間の中ではやらないという判断をしています。

　このように、144時間という限られた時間の中で、何を重視して、
何を捨てるのか、つまり、どう取捨選択すれば効率的にスコアが伸
びるのかにこだわっています。忙しい中で勉強する人にとっては、
できるだけ短時間で、できるだけ効果が出る勉強法こそが重要だと
考えているからです。

41歳からの英語学習がきっかけで海外支社長に

　国内の飲料メーカーで営業の仕事をしていたHさんが初めてプレ
ゼンスを受講したのは41歳の時。2009年当時のTOEICのスコアは
「大学受験の遺産で取った」という590点でした。

　Hさんは仕事でもプライベートでも、旅行以外で海外に関わる
機会が皆無でした。プレゼンスでは、最初に750点コース（2カ
月）、続いて900点コース（2カ月）を受講。合わせて4カ月間ほど
のTOEIC対策で、なんと880点まで到達したのです。

　その直後、Hさんは社内の海外管理職向け研修のメンバーに選出
されました。それを機に、会社の急速なグローバル化の波にも乗っ
て、アジア、南北アメリカを中心に、海外出張の機会が激増したそ
うです。

　英会話の学習はその後も続け、TOEICのスコアではなく、英語
を使うことで仕事の実績を積み重ねていきました。そしてついには
台湾で現地法人の社長を務めるまでになり、現在はまた別の発展途
上国で現地法人を起ち上げ、社長に就任しています。

　2016年、コーチの一人が台湾に旅行で出かけた時に、社長を務
められていたHさんを訪問しました。その時彼は、現地の方と中国

語で流暢にコミュニケーションをとっていたのです。

当時は赴任されてからまだ1年半ほどしかたっていません。いくら住んでいるとはいえ、ゼロから始めた言語なのに、現地の方と流暢に会話するレベルに到達するには決して十分な時間とは言えません。現地の方と、現地の言葉で、堂々と渡り合っていたHさんは「英語もほかの言語も勉強のやり方は結局同じ。プレゼンスで英語の勉強方法を教わったことで、新しい言語もスムーズにできるようになりました」と話していました。

「TOEICの勉強を始めた時は『とりあえず英語をやっておかないと』ぐらいの気持ちでした。まさかこんな未来が待っているなんて想像もしていなかったです。我ながら隔世の感があります」とHさんは笑います。発展著しい新たな赴任先で、今も3つめの新しい言語を身につけながら、200名以上の社員を率いる社長として奔走されていることでしょう。

英語は、**正しいやり方と正しい順番で勉強すれば、誰でもスコアを伸ばすことができます。**そして目標スコアを獲得した先には、Hさんのように、これまでは想像すらしなかったような可能性が広がります。

さらに、**毎日の勉強を続けていけば、自分に大きな自信を持てるようになります。**勉強が習慣になるので、3カ月のスケジュールが終わったら、さらに新しいことにチャレンジしたくなる。そしてまた一定期間毎日続ける……。そんな好循環が始まるのです。

実際、プレゼンスを修了してTOEICの目標スコアをクリアした後、「せっかくついた勉強の習慣をもっと活かしたい」と宅建や中小企業診断士などの難関資格にチャレンジする人も少なくありません。

勉強で成功すると、人生が変わる

「英語のスキルなんて、自動翻訳機が発達したら必要なくなる。だ

から勉強に時間を使うよりも、機械に頼ればいいじゃないか」とおっしゃる方もいます。

それも一理あります。しかし、中国やインドなどほかのアジア諸国のビジネスパーソンが、当たり前のように英語をタイムラグなしに流暢に操っています。それを考えると、自動翻訳機がビジネスの現場に受け入れられるのは、しばらくはなさそうだと思います。

今後のことはともかく、今の日本では、昇格や海外駐在、転職など、ビジネスパーソンにとって大きな転機を迎えた時にTOEICのスコアが求められています。逆に言えば、**TOEICをクリアすれば、Hさんのように大きな転機を迎えられる**のです。

海外出張や海外駐在、さらに転職というワクワクするような転機。あるいは世界中の人と、意見をかわし、笑い合い、時に涙する。そんな素敵な瞬間を味わえるようになります。

今度こそ、本気でTOEICを卒業しませんか。そのために必要な勉強のやり方は、すべてこの本で教えます。現在のスコアが400点の人でも、850点の人でも、それぞれの目標スコアに応じたやり方が細かく仕組み化されています。この本のとおりに進めてもらえれば、誰もが目標スコアを獲得できます。

さて、心の準備はいいですか？

いざ、3カ月の航海に、出発しましょう。

※プレゼンスは、創業者である杉村太郎（2011年没）がハーバード・ケネディスクールに留学する際、TOEFL準備および留学中のコミュニケーションに苦労した経験を基に、2001年に誕生したスクールです。

目　次

第Ⅰ部
3カ月で150点アップを
実現する勉強法の全体像

第1章 「仕組み化」で激務でも結果が出る ……………………………………… 2

第II部
基礎力の養成方法

第Ⅲ部
得点力の養成方法

第IV部
本番力の養成方法

第V部
3カ月のスケジュール

第Ⅰ部

3カ月で
150点アップを
実現する勉強法の
全体像

第1章 「仕組み化」で激務でも結果が出る

「面倒」という感情が消える勉強法とは

本書はTOEICスコアを3カ月で150点伸ばすための本です。それを実現するための本書の大きな特徴は、徹底した仕組み化にこだわっていること。本書でいう仕組み化とは、**「何を」「どのように」「どのぐらい」「いつ」やればいいのか、すべて決めてある**ということです。やること、やり方、スケジュールのすべてが仕組み化されたパッケージになっているので、それに沿ってやるだけ。余計なことに神経を使わず、英語だけに集中できます。

「できる限り簡単な方法で、短期間のうちに、TOEICのスコアを伸ばしたい」。誰にとってもこれが本音でしょう。2万5000人を超える今までのプレゼンス受講生も同じ思いを持っていました。

当然ですが、スコアアップを実現するためにある程度の勉強量は欠かせません。とはいえ「忙しくて時間もないし、そもそも勉強するのは面倒」というのが皆さんの抱く本音であることも重々理解しています。

この**「面倒」という感情をなくすために、本書では徹底的な仕組み化を重視**しています。勉強というのは確かに面倒です。しかし、がっちりとスケジュールに落として、「何を」「どのように」「どのぐらい」「いつ」やればいいのか、明確に仕組み化されていたらどうでしょうか。

図表1-1を見てください。片付けをするとき、しまう場所がしっかり決まっていたら、そこにしまいたくなりますよね。面倒という気持ちにはならないと思います。歯ブラシで歯を磨くのも同じです。

使う道具も、道具の置き場所も、やることも決まっています。毎日歯を磨くのに、面倒とは思いませんよね。**モチベーションさえ必要ありません。**

[図表 1-1] 「仕組み化」すればモチベーションはいらない

「面倒」という言葉の裏には、実は「やることが見えていない」「何を、どうやればスコアアップするのかわからない」という感情が隠れています。**「私は勉強が嫌い」と繰り返し言っていた人が、宿題とやり方を明確に提示されたとたん、一気に前向きになる。**そんなケースは数多くあります。

「電車に乗ったら無意識に単語本を取り出す自分がいて、変わったなと驚いた」
「朝のうちにやろうと思っていたことが寝坊してできないと、1日中なんとなく気持ち悪いと感じるようになった」

2〜3週間前まで「勉強なんて面倒」と言っていた受講生からこんな言葉を聞くのは、日常茶飯事です。そして**毎日決まったことを続けていれば、勝手に英語力もついてきます。**ですので、伸びたか、伸びていないかは気にせず、決めたことを毎日やることだけにフォーカスするのが重要です。もし途中で挫折しても、心配することは

ありません。リカバリーの方法も仕組み化しています。

　徹底した仕組み化→考えずにできる→自然とやれる→やるのが当たり前に→やらないと気持ち悪くなる→知らず知らずのうちにスコアが伸びていた

　本書のやり方ならば、そのような好循環が生まれます。

激務でもこなせる3ステップ勉強法

　多忙を極める皆さんが、無理なく、効率的にTOEICのスコアアップを実現できるよう、全部で3つのステップに分けました。それが**基礎力、得点力、本番力**です（**図表1-2**）。

[図表1-2]　「3カ月で150点」を実現する3ステップ

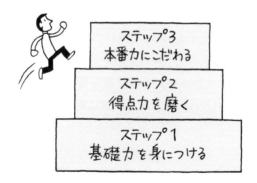

ステップ1　基礎力 ── 一気に100点アップも

　最初のステップは基礎力の養成です。次の3つに分けられます。

　基礎力1　必須単語の暗記
　基礎力2　基本文法の理解
　基礎力3　英語脳（英語を英語のまま理解できる脳みそ）の養成

スコアアップにおいてもっとも重要で、かつ全体の土台となるのがこの基礎力です。同時に、もっとも敬遠されやすいところでもあるでしょう。

しかし、**結果にこだわるなら、やはり基礎力**なのです。現在のスコアが800点以上あり、900点突破を目指す人でも、基礎力からスタートするのは同じです。**現状のスコアがどんなに高水準だろうと、目標を達成できない以上は、単語や文法といった基礎力にヌケモレがあるケースがほとんど**だからです。

ゴルファーがコースに出る前に、まずは練習場でボールを真っすぐ飛ばせるように練習するのと同じことです。プロであっても、決して基礎練習を怠りません。

「たった3カ月で、150点もスコアが伸びるはずがない」。これまで独学で頑張ってきた人ほど、そう思うかもしれません。

しかし、**勉強しているのにスコアが伸びないと思ってきた人ならなおさら、基礎を見直すだけでスコアは100点以上伸びます**。加えてステップ2で得点力を磨くことで、150点の伸びにつながります。

基本単語や文法知識のうち、TOEICに頻出するものは決まっています。決して多くはありません。現在のスコアが500点ぐらいの人でも、最初の6週間に腰を据えてやれば身につきます。

基礎力はTOEICのためだけではなく、会話やメールなどでも役立ちます。今後何十年もの間、英語を使いこなす皆さんを支えてくれる力になるのです。一度九九を覚えてしまえば、その後何十年にもわたって生活で役に立つのと同じです。

基礎力1　Good morningレベルで定着した「単語力」

TOEICのリスニング問題を聴いてもついていけない。なのに、後で本文のスクリプトを確認したら、こんなに簡単なことを言っていたのかと驚いた。そんな経験をしたことはありませんか？

知らない単語は当然聞き取れませんが、**知識として知っている単語だったとしても、リスニングで理解するためには「知っている」**

だけでは**不十分**です。つまり、次の2点のレベルで理解する必要があります。

リスニング問題を解くのに必要な単語の定着レベル
・各単語のアクセントが正確に身についている（そうでないと、単語が聞き取れません）
・各単語の意味が瞬時に理解できる（当然ですが、瞬時に理解できないと置いていかれます）

　Good morningと言われて、聞き取れない、あるいは意味が瞬時に理解できない人はいないと思います。つまり**Good morningと同じレベルで定着していない単語は、TOEICでは使えない**ということです。「見ればわかる」レベルの単語は、**「正確に聞き取れて」「瞬時に理解する」**ために、追加で勉強をする必要があります。

　リーディングセクションで使える単語も同じです。パート7の長文読解では、各単語の意味が瞬時に理解できれば非常に解きやすくなります。時間が足りずに最後の数問は適当にマークしてしまったという苦い経験をお持ちの人は、きっと多いでしょう。**各単語の意味をGood morningレベルで瞬時に理解していれば、問題を解くスピードは格段に上がります。**

　意味が瞬時に理解できることに加えて、パート5と6では各単語の品詞（単語の種類）を暗記していることも大切です。品詞がわかれば即答できる問題が、3割ほど出題されるからです。

　単語本を使って暗記する単語と熟語の数は、次のとおりです。

・目標スコア600点：2600語（基礎＋TOEIC対策用）
・目標スコア750点：3350語（基礎＋TOEIC対策用）
・目標スコア900点：1000語（TOEIC対策用のみ。すでにリーディングセクションで380点以上を持っていることが前提）

数だけ聞くと「これを3カ月で？」と驚くかもしれません。ですが、この中の**半分以上の単語は、すでに見たことがある／聞いたことがある**はずです。そんな単語をTOEICで使える単語として再度身につけるというわけです。

　なお、TOEICのためには、単語だけではなく熟語も覚える必要があります。単語と熟語の両方を指して本来は「ボキャブラリー（語彙）」と言いますが、本書では皆さんにとってなじみ深い「単語」と表します。つまり、「単語」と言うときは、単語と熟語の両方を指しているとご理解ください。

基礎力2　文意を理解できるだけの「文法力」

　基礎力の2つめは文法です。皆さんは「文法」と聞いて、まず何を連想するでしょうか？　日本の英語教育で育ってきた人なら「問題集」でしょうか。あるいは「文法＝苦手、つまらない」と真っ先に感じる人も多いかもしれません。

　TOEICのパート5と6では、いわゆる文法問題が出題されます。ですがこのパート以外でも、**すべてのパートで文法力は問われているの**です。

　こちらの英文をご覧ください。一度読んだだけで、正確に訳すことができるでしょうか？

For what will the money from the charity be used?

　これはパート7（長文読解問題）の設問です。この英文を瞬時に、かつ正確に訳せる人は、文法力が比較的高いと言えます。

　正解は、「チャリティーで得たお金は何のために使われますか？」。冒頭に「前置詞＋疑問詞」という文法が使われているため、一瞬「あれ？」と思うかもしれませんが、文法知識がある人にとっては非常にシンプルな疑問文です。このように英文の意味を正確に

理解するためにも、文法力が欠かせません。ということは、**すべてのパートで文法力が必須**だと言えるのです。

ですがご安心ください。**TOEICで求められる文法知識というのは、英文を正確に理解するための基本となるもの**だけです。つまり、英文資料を理解し、英文メールを書き、そして英会話をする時の土台となるものです。大学受験で求められた重箱の隅をつつくような文法知識はいりません。基本文法が頭に入っていれば、パート5と6の文法問題も解けます。

文法と聞くと面倒くさそうですが、実は文法こそが万能治療薬。一度身につけてしまえば、生涯にわたって皆さんを助けてくれます。「読めない」「聞けない」「しゃべれない」といった**あらゆる英語の行き詰まりの多くは、文法で解消できます**。結果、英語への漠然とした苦手意識を払拭することもできます。

テストを使って文法を克服するのは、悪くないどころか、むしろおすすめのアプローチだと言えます。ですので、TOEICのためという以上に、これから**海外で活躍するための勉強と思って、ぜひこの機会に前向きに文法知識を身につけましょう**。それがスコアアップにもつながります。

基礎力3　英語のまま理解できる「英語脳」

最後は「英語脳」です。英語脳とは、「**日本語に変換することなく、英語を英語のまま理解できる脳みそ**」のことを言います。

例を挙げましょう。こちらのAの文とBの文、それぞれ意味を取ってみてください。

　A.　I played tennis with my old friends yesterday.
　B.　He let me follow him to investigate the issue.

Aの文とBの文の長さはほとんど変わりません。ですが、この2つ

の文の意味を取るうえで、何か違いがありませんでしたか？

　Aの文は、おそらく目を通してすぐに意味していることがわかる感覚、英語っぽく言うと"uh-huh"（あいづち）という感覚ではなかったでしょうか。「私は古い友人と昨日テニスをした」とあえて日本語に訳さなくても、英文を読んだだけでさっと理解できたと思います。

　一方、Bはどうでしょうか。「彼は私に、その問題の調査のために、ついて行かせてくれた」。この英文を一度読んだだけで"uh-huh"という感覚があった人は、かなりの上級者。おそらくほとんどの人は、「まず日本語に訳す」→「結果、意味していることがわかる」という流れで理解していたと思います。

　もしBの文がリスニングで出題されたら、この流れを踏んでいる間にどんどん置いていかれてしまいます。Aの文を読んで"uh-huh"と理解できたのは、**英語脳**を使ったからです。一方、Bの文を読んで「まず日本語に訳す」という流れを踏んでしまったのは、まだ「**直訳脳**」に頼っているからです。

　同じ人が読んでいるのに、英語脳で処理できる英文と、直訳脳でないとわからない英文が存在します。つまりBの文のような難易度の高い英文も、Aの文のように理解するため、英語脳を鍛えるのです。そうすることで、これまでなんとなくしかわからなかったパート3と4のリスニングや、パート7の長文読解が、より確信を持って"uh-huh"と理解できるようになります。

　英語脳とは、次の2つの力に大別されます。

英語脳の2つの要素

要素1　聞く力：英語を聞き取る力。そもそも英語が聞き取れないと、英語のまま理解することはできません。

要素2　英文を瞬時に理解する力：リスニングで聴き取った英文およびリスニングと同じ速さで読んだ英文を、瞬時に1回で（二度聞き／読みすることなく）、"uh-huh"と理解する力。

　これらの力が身についていないと、パート3、4、7などの問題を解こうとしても、なんとなく理解してなんとなく解答することしかできません。それでは運試しと同じですので、残念ながら効率が悪いのです。

文法知識を使えば5秒で解ける問題も

　すでに700点や800点をお持ちの人にとっては、ここまで読んでも「今さら基礎からやるの？」と違和感を覚えるかもしれません。「問題集をたくさんやって、問題に慣れることがいちばん大事」と考える人が多いからです。

　そんな人も、こちらの問題をご覧ください。TOEICのパート5で頻出するパターンの問題ですが、皆さんはすぐに正解がわかるでしょうか。

The transportation department has eliminated some bus lines ＿＿＿＿ its smaller budget.

- (A) because
- (B) despite
- (C) due to
- (D) though

接続詞と前置詞という品詞の使い分けを問う問題です。TOEICでは必ず出題されるといっても過言ではない、超頻出のパターンです。この問題は、**基本単語・熟語と基本文法が身についていれば、5秒以内に正解することができます。**

　正解は (C) の due to です。解き方の手順を簡単に説明します（今の段階でこの説明がわからなくても、まったく気にしないでください。適切なトレーニングをすれば、すぐにわかるようになります）。

手順1　選択肢の確認

　まずは選択肢を見ます。選択肢には接続詞［選択肢(A)と(D)］と前置詞（選択肢(B)と(C)）が並んでいます。

手順2　空所前後の確認

　空所の前は主語と動詞を含む文、そして空所の直後は名詞句（its smaller budget）です。つまり空所には、直後に名詞を置くことができる前置詞が入るとわかります。選択肢の中で前置詞（句）は、(B) despiteと(C) due toです。

手順3　意味の確認

　空所前のeliminated some bus lines（バスの路線を廃止した）と、空所後のsmaller budget（より少ない予算）が、原因・理由の意味の関係になっていることから、(C) due toが正解だとわかります。

　今の説明に出てきた基本知識をまとめます。

品詞の知識

前置詞のうしろには名詞（句）を置き、接続詞のうしろには文（主語と動詞を含んだもの）を置く

単語・熟語の知識

due to:　〜が原因で

eliminate:　除く、削除する

budget:　予算

（参考：選択肢Bのdespiteは、「〜にもかかわらず」という意味の前置詞）

　これらの知識が身についていれば、5秒以内で解けます。どれも700点以上を目指すのであれば欠かせない基礎ばかりです。

　しかし実際は、すでに700点を持っている人の多くが、この問題を間違えます。正解したとしてもなんとなく選んだだけだったり、選ぶまでに1分近く時間を使っていたりします。

　こういった基礎知識が身についていないまま問題演習をやると、「なんとなくこれっぽいな」「よくわからないけどどれかな？」といった、勘に頼る解き方しかできません。それでは効率が非常に悪いのです。だからこそ、最初に基礎力をしっかり身につけるほうが効率的なのです。

ステップ2　得点力 ── 努力がそのままスコアに直結する

　ステップ2で身につけるのは「**得点力**」です。**得点力とは、ステップ1で身につけた基礎力を得点につなげる力**のこと。具体的には、テストの概要や必要な解答テクニックを把握して、問題演習を重ねます。九九を暗記したら、次は文章問題を解くのと同じです。

　ステップ1で基礎力をしっかり固めた状態で、この得点力を磨く段階に入ると、スコアが一気に伸びていきます（**図表1-3**）。

　基礎力を鍛えているうちは、残念ながらスコアの伸びはほとんどありません。インプットが中心のトレーニングなので、問題集を解くことはせず、スコアには反映されにくいのです。

　基礎力を固めている3週目に公式問題集を解いても、当初とほとんどスコアが変わらない人は珍しくありません。

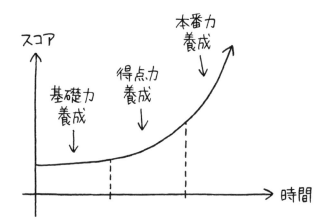

しかし、**得点力のトレーニングを始めてしばらく経った10週目頃にまた公式問題集を解くと、100点以上伸びることはよくあります**。インプットした知識を使って問題演習を重ねることで、確実に正答を選べるようになるからです。

　基礎力の時間は最初のわずか1カ月ほどですから、スコアが伸びなくてもあせらず、淡々と終わらせましょう（現在お持ちのスコアによって基礎力育成の期間は異なります。詳しくは第2章で説明します）。

　最初さえ乗り越えればその後にグンと伸びるというのは、スポーツでも、楽器でも、自転車でも、英語でも、すべて同じことです。

　なお、今まで独学で問題演習をたくさん重ねて各パートの解き方がわかっている人は、基礎力を鍛えるだけでもスコアは伸びます。

ステップ3　本番力 —— 試合当日にピークを持ってくる

「**本番力**」という言葉は、あまり馴染みがないでしょう。プレゼンスではこの本番力を**「培ってきた基礎力と得点力を本番で最大限発揮させる力」**と定義しています。

スポーツ選手が試合直前の調整に励む姿をイメージすると、わかりやすいと思います。本番の試合を見据えて、直前の段階で足りていないことを集中的に練習し、コンディションを整える。心も体も、試合当日にピークを合わせる。この重要性はTOEICの対策でも同じです。アスリートになった気分で、テスト直前の大切な時期を過ごしてください。

　本番力に含まれるのは、**(1)本番からの逆算思考**と、**(2)コンディション調整**の2つです。このステップ3から、基礎力と得点力を地道に積み上げるというそれまでの「積み上げ思考」から、目標スコアから逆算して、今の自分に足りない力を分析し、そこを重点的に身につけるという「逆算思考」に変えます。直前期はもっとも力が伸びますので、これまで以上に効率を重視し、足りない部分を補いましょう。

　さらに、本番で力を最大限発揮させるために、テスト直前のコンディション調整には細心の注意を払ってください。

同じ問題を反復するから、本番で即答できる

　本書では、この3ステップの方法を「**トレーニング**」と呼んでいます（一般論の場合は「勉強」や「練習」）。なぜなら、**英語はスポーツと同じく、反復して身につける**ものだからです。「身につける」、つまり体に叩き込むのですから、TOEICのトレーニングでやることは、ほとんどが反復です。

　たとえば、文法の問題集を1回解いたら、その後はどうしますか？おそらくもう開かないという人が多いと思います。しかし本書のトレーニングでは、問題を見たら何が問われているかが瞬時にわかるまで、何度も繰り返し同じ問題を解いてもらいます。そうすることで、**本番で初めて見る問題で同じポイントが問われた時に、瞬時に正しい答えを選べるようになる**のです。

激務の人ほど「3カ月短期集中」が向いている理由とは

　本書のトレーニングでは、**独学でも無理なく取り組めるように、3カ月という期間設定をしています**（プレゼンスで開講しているコースは2カ月に設定しています。その分、1週間あたりのトレーニング量が多いです）。

　理由は、**大人になってからの英語のトレーニングは、長くて3カ月の短期集中が向いている**からです。これまでスクールで2万5000人以上の受講生を見てきた経験から、断言できます。

　短期集中をおすすめする理由は3つあります。

　第1に、成長を実感しやすい点。英語力の伸びや変化を実感するためには、ある程度の時間が必要です。日々実感できるものではありません。自分自身で「伸びたな」と思えるのは、トレーニング時間が100時間を超えてからと言われています。

　ただ、この100時間は、1日15分×400日のようにゆっくり進めていくよりも、一気呵成に積み上げるほうが効率がよいのです。前述したように、英語の実力は指数関数の急カーブを描いて伸びるからです。それゆえ、**短期集中のほうが、「伸びたな」と自分で実感しやすく、前向きに取り組みやすい**のです。

　なお、本書ではトレーニング時間を144時間（週12時間×12週）に設定しています。最初の100時間で英語力の土台を作ってから、残りの44時間でTOEIC用の対策をします。

　第2に、スケジュールを確保するには3カ月以内が現実的である点。ビジネスパーソンの皆さんは、ただでさえ本業が忙しいうえに、家族との時間、友人や地域のお付き合いなどもあります。英語の勉強だけに集中できる学生とは違い、やらなければいけないことが山積みです。そんな中で、1つのことに集中できる（集中させてもらえる）のは、3カ月が限度ではないでしょうか。

　第3に、毎日続けないと効果が上がらない点。特に英語脳の養成

（リスニングやリーディング）や単語の暗記は、毎日続けたほうが、効率が上がります。

　同じことを「1年間毎日やれ」と言われても、やり抜くのは難しいかもしれません。しかしこれが3カ月となると「そのくらいなら、なんとか続けられそう」という声に変わります。**ゴールが見える位置にあると、やり抜く力にとてもよい影響を与えます。**

　現状の英語力と目標の差が大きく、長期間トレーニングをしなければならないとしても、3カ月を1つの区切りにするとよいでしょう。3カ月ごとに少し休む時間を置いたり、仕事の繁忙期を終えたりしたあとに、また3カ月のトレーニングを再開してください。

　プレゼンスに合計半年間通っていたある受講生は「2カ月やって1カ月休んで、また2カ月頑張るというサイクルであれば、思いのほかラクにできる」と語ってくれました。トレーニングの最中は「しんどいな」と感じることもあるかもしれません。しかしゴールが近くに見えれば「あと少し」と踏ん張れます。山登りで山頂が見えてくると、体は疲れているのに元気が出るのと同じです。

　次章では、3カ月間で実施する具体的なスケジュールを見ていきましょう。

第2章

目標スコア別 150点アップを 確実に目指すスケジュール

2週間たてば無意識に勉強を始める体質になる

　本書のトレーニング時間は週12時間です。目標にするスコアによって、どのような時間配分にするかが変わります。これからこの章で詳しく説明します。

　12時間をどのように確保するかの目安はこちらです。

　週12時間＝平日は1日1時間30分、休日は1日2時間15分

　小さなお子さんがいるなどの理由で週末にまとまった時間を確保することが難しい人は、こちらが目安です。

　週12時間＝平日は1日2時間、休日は1日1時間

「ただでさえ忙しい毎日なのに、12時間なんて無理でしょう」。これがほとんどの人の本音だと思います。

　しかし、この12時間は、机にかじりついて勉強する時間ではありません。**本書のトレーニングは、通勤などの移動中や休憩時間、待ち時間などの「すき間時間」を使ってできるものがほとんどです。**

　しんどいなと感じるのは最初の2週間だけ。それが過ぎれば、トレーニングする生活が当たり前になり、**時間が空くと無意識に単語本をかばんから取り出すようになります。**第1章で述べたとおり、トレーニングを仕組み化してしまえばこちらのものです。

英語の基礎力はリーディングのスコアで測る

　目標スコア別スケジュール（カリキュラム）について詳しく説明する前に、注意点を2つ挙げておきます。

　1つめは、自分に適した目標スコアを設定するということ。**現在の自分の英語力を基準にして、スケジュールを決めてください。**

　たとえば、最終的に900点を目指している人でも、もし現在のスコアが690点であれば、まずは目標スコア750点のスケジュールに沿って3カ月を過ごしてください。目標スコア750点と銘打ってはいますが、このコースで800点以上を獲得することは十分可能です。スクールでは、目標スコア750点のコースで受講生が900点以上を獲得することは、決して珍しくありません。

　「目標スコア750点のスケジュールでは750点までしか取れない」のではなく「**目標スコア750点のスケジュールには、そのレベルの人の強化すべきポイントが詰まっている。だからスコアが伸びる**」のです。

目標スコアの選び方

- ・現スコアが570点未満、もしくはリーディングセクションのスコアが300点未満の人：目標スコア600点のスケジュール
- ・現スコアが570〜750点で、かつリーディングセクションのスコアが300点以上の人：目標スコア750点のスケジュール
- ・現スコアが750点以上で、かつリーディングセクションのスコアが380点以上の人：目標スコア900点のスケジュール

　図表2-1を参考に、どのスケジュールに沿ってトレーニングするかを判断してください。

　お気づきのとおり、合計スコアと合わせてリーディングセクション（R）のスコアも基準にしています。その理由は、日本で英語教

育を受けてきた大人であれば、**英語の基礎力が反映されるのがリーディングセクション**だからです。

[図表 2-1]　目標スコアの選び方

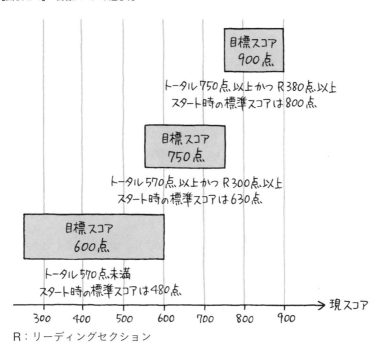

R：リーディングセクション

　ここでいう英語の基礎力とは、単語力と文法の知識のことです。これらは英語脳を作るにあたっても最重要項目です。適切なスケジュールの下で、確実に身につけてください。そうしないと、スコア全体の伸びが必ず止まってしまいます。

　すでに750点を持っている人が目標スコア750点のスケジュールを選ぶのは非常に抵抗があると思います。それでも、リーディングセクションのスコアが380点に届いていないなら、「目標スコア750点」を選び、1カ月みっちり基礎力を鍛えてください。

　もしここで目標スコア900点を選んでしまうと、2週間ほどしか基礎力養成期間がとれません。基礎力がほぼ十分あることが前提だ

からです。たとえば、このスケジュールには基本単語・熟語の暗記は含まれていません。

　ですから、目標スコア750点のスケジュールを選べば基礎力を補完することができ、最終的によい結果が出ると断言できます。

　続いて2つめの注意点は、**標準学習時間はあくまで目安**だということです。現在お持ちのスコアが図表2-1の標準スコアであれば（目標スコア600点なら480点、目標スコア750点なら630点、目標スコア900点なら800点）、下記を標準学習時間として3カ月で消化してください。

・平日：1時間30分、休日：2時間15分
・1週間12時間
・トータル144時間

　現スコアが標準スコアを下回る場合には、週12時間よりも多くのトレーニング時間が必要になるかもしれません。逆に、標準スコアよりも高い場合には、週12時間もかけずにトレーニングをこなしていけるでしょう。

　言うまでもないことですが、**時間をかけることが目的ではありません**。集中力が散漫な状態でただ机に向かっていても、当然ながらトレーニングとは言えません。

　目標スコア獲得のために身につけなければいけないトレーニング量は決まっています。この**必要量をしっかりと身につけることができればOK**です。時間はそのための目安に過ぎず、決して目的ではないということを強調させてください。

　では、目標スコア別に3カ月間のスケジュールの内容を詳しく説明していきましょう。

目標スコア600点のスケジュール

[図表2-2]

		第1週	第2週	第3週	第4週	第5週	第6週	第7週	第8週	第9週	第10週	第11週	第12週
		ステップ1　基礎力養成						ステップ2　得点力養成					ステップ3 本番力養成
基礎力	単語	『DB3000』→						『はじ単』→					→
	文法	『文法完全攻略』→											
	英語脳	『公式問題集』→											→
	模試(公式問題集)		実施①									実施②	
得点力	パート1, 2									☆→			→
	パート3, 4										☆→		→
	パート5, 6							『英文法問題集』→		☆→			→
	パート7								☆→				→
	本番力												→

本番からの逆算思考
＆コンディション調整

※☆は、実施①で解いた模試（公式問題集 TEST1）
　を教材にして、得点力養成（第Ⅲ部）のパートごとの対策をしてください

※TOEICのパート構成は第6章で解説します

対象

現スコアが570点未満の人

教材

単語力

- 『データベース3000 基本英単語・熟語[5th Edition]』桐原書店編集部著、桐原書店、2016年（見出し語のみ）
- 『TOEIC®テスト はじめて覚える英単語と英熟語』甲斐幸治著、宮野智靖監修、ダイヤモンド社、2007年（1-600まで）

文法力

- 『TOEIC®TEST文法完全攻略』石井辰哉著、明日香出版社、1998年
- 『TOEIC®TEST英文法問題集 NEW EDITION』成重寿著、Jリサーチ出版、2016年（TEST3まで）

英語脳

- 『公式TOEIC® Listening & Reading問題集5』Educational Testing Service著、国際ビジネスコミュニケーション協会、2019年

得点力・本番力

- 『公式TOEIC® Listening & Reading問題集5』

単語の暗記と文法の克服がスコアアップの鍵

　特に単語の暗記や文法に苦手意識を強く持っている人が多いと思います。これを克服できるかどうかが最大のポイントです。そのためには**単語・熟語と文法を後回しにせずに、最優先に取り組むことを心がけましょう**。そうすれば大幅なスコアアップが実現できます。

　一方、**大学受験などで文法が比較的得意だったという人の場合、カギはリスニング**になります。ぜひ毎日の継続を心がけましょう。そうすれば、リスニングセクションで350点を超えることは決して難しいことではありません。

目標達成の分岐点――最初にどれだけ基礎力を強化したか

　苦手意識のあることにもっとも多くの時間を割き、効率のいい方法で進められるかどうかが、目標スコア達成の分岐点になります。

　成功例――600点を達成したOさん
　Oさん（35歳男性）
　475点（L 310/R 165）→670点（L 370/R 300）
　※L：リスニングセクション　R：リーディングセクション

・トレーニングを始めた最初の週に、自分の弱点（文法の理解が曖昧）を自覚し、**文法にもっとも多くの時間を割いた**
・マメな復習を欠かさなかった
・管理職として多忙な業務や出張などを言い訳にせず、トレーニングを継続した
・平日の細切れ時間を徹底活用した

　失敗例――600点に届かなかったTさん
　Tさん（33歳男性）
　440点（内訳不明）→555点（L 325/R 230）

・**自分が今までやってきた勉強方法（特に単語暗記のやり方）を変えられなかった**
・あまり効率のよくない勉強法が身についていたため、同じトレーニング量をこなすのにほかの受講生の2倍近い時間がかかり、宿題範囲をすべて終えることができなかった
・結果、必須単語を覚えきれないままテストに臨み、リーディングセクションのスコアが伸び悩んだ

目標スコア750点のスケジュール

[図表 2-3]

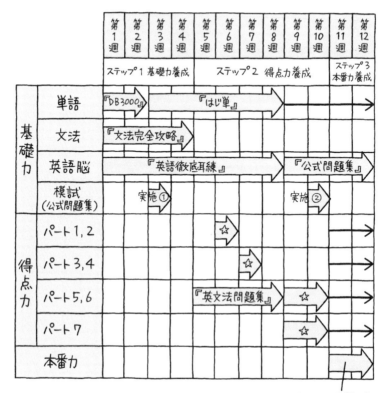

		第1週	第2週	第3週	第4週	第5週	第6週	第7週	第8週	第9週	第10週	第11週	第12週
		ステップ1 基礎力養成				ステップ2 得点力養成						ステップ3 本番力養成	
基礎力	単語	『DB3000』	『はじ単』										
	文法	『文法完全攻略』											
	英語脳	『英語徹底耳練』									『公式問題集』		
	模試(公式問題集)		実施①							実施②			
得点力	パート1, 2						☆						
	パート3, 4							☆					
	パート5, 6					『英文法問題集』			☆				
	パート7									☆			
	本番力												

本番からの逆算思考
& コンディション調整

※ ☆ は、実施①で解いた模試(公式問題集 TEST1)
　を教材にして、得点力養成(第Ⅲ部)のパートごとの対策をしてください

※TOEICのパート構成は第6章で解説します

対象

　現スコアが570〜750点で、かつリーディングセクションのスコ
アが300点以上の人

教材

　単語力
- 『データベース3000　基本英単語・熟語 [5th Edition]』（見出し語のみ）
- 『TOEIC®テスト　はじめて覚える英単語と英熟語』

　文法力
- 『TOEIC®TEST文法完全攻略』
- 『TOEIC®TEST英文法問題集 NEW EDITION』

　英語脳
- 『英語 徹底耳練！』外池滋生著、実務教育出版、2006年（20パッセージ）

　得点力・本番力
- 『公式TOEIC® Listening & Reading問題集5』

基礎を100％にし、得意分野をさらに伸ばす

　現在630点程度をお持ちなら、ある程度の基礎力が身についている人が多いはずです。だからこそ油断は禁物。大学受験レベルの基本単語や文法知識にヌケモレがないかどうか、厳しい目でチェックしましょう。**「大体わかるな」「ほぼOKだな」という8割程度の定着ではなく、10割を目指します。**

　リスニングとリーディングで**得意なほうのセクションでは400点以上を狙ってください。**リスニングセクションなら450点以上を取る人もいます。苦手なセクションの克服をしつつ、得意なものをさらに伸ばしていきましょう。

目標達成の分岐点──どれだけ完璧を目指したか

　目標スコア600点の対象者と比べて、「わかる」「できる」と思い込んでいることが増えるのがこのレベルです。だからこそ危険。「本当に大丈夫か？」「本当にわかっているか？」と常に問いかけながら、トレーニングを進められるかどうかが分岐点になります。

成功例──750点を達成したFさん

Fさん（27歳女性）

695点（L 370/R 325）→900点（L 475/R 425）

※L：リスニングセクション　R：リーディングセクション

・高校や大学受験の経験がなく、**「単語・熟語と文法知識が人より不足している」**と自覚し、そこから逃げずにトレーニングをやった
・**毎週の課題を、95％以上の完成度で仕上げた**（毎週実施する課題の確認テストで、いつも100点満点中95点以上だった）
・文法問題集の全問題を完璧に解けるようになるまで5回以上繰り返した
・毎週16 〜 20時間のトレーニングを欠かさなかった

失敗例──750点に届かなかったMさん

Mさん（29歳男性）

630点（L 345/R 285）→705点（L 365/R 340）

・**「大体わかる」でOKとしてしまい**、問題集を繰り返さなかった
・「苦手」と思い込んでいる単語暗記を後回しにした
・平日の不足分を週末に補えず、毎週の課題をこなせなかった
・本番テストの直前に、風邪のためトレーニングをしない日が3日間続いた

目標スコア900点のスケジュール

[図表2-4]

		第1週	第2週	第3週	第4週	第5週	第6週	第7週	第8週	第9週	第10週	第11週	第12週
		ステップ1 基礎力養成	ステップ2 得点力養成								ステップ3 本番力養成		
基礎力	単語				『金フレ』 →→→						→→→		
	文法	『文法完全攻略』											
	英語脳		『英語徹底耳練』 →→							『公式問題集』 →→			
	模試(公式問題集)	実施①								実施②			
得点力	パート1,2							☆					
	パート3,4								☆				
	パート5,6				『でる1000問 1〜7章』 →		『でる1000問 模試』 →			☆ →→→			
	パート7							☆ →→→					
	本番力										→→→		

本番からの逆算思考 & コンディション調整

※☆は、実施①で解いた模試(公式問題集TEST1)を教材にして、得点力養成(第Ⅲ部)のパートごとの対策をしてください

※TOEICのパート構成は第6章で解説します

対象

現スコアが750点以上で、かつリーディングセクションのスコアが380点以上の人

教材

単語力
- 『TOEIC® L&R TEST 出る単特急 金のフレーズ』TEX加藤著、朝日新聞出版、2017年
- 文法力、得点力・本番力の問題集で出てきた単語・熟語

文法力
- 『TOEIC®TEST文法完全攻略』
- 『TOEIC® L&Rテスト　文法問題でる1000問』TEX加藤著、アスク出版、2017年（1章〜7章、模試7回分）

英語脳
- 『英語 徹底耳練！』(30パッセージ)

得点力・本番力
- 『公式TOEIC® Listening & Reading問題集5』

リスニングセクションは最低450点

　リスニング、リーディングセクションともに、100問中90問以上の正解数が要求されます。ミスが許されないのはもちろん、基本事項のヌケモレは厳禁。単語力、文法力、英語脳、それぞれ取り組む量は多いですが、ヌケモレなくしっかりと身につけてください。

「できないことがあってはいけない」と自分に言い聞かせ、**何においても満点を狙うつもりでトレーニングしましょう**。それが、上位3〜4%のみが許される900点以上のスコアです。リスニングにどれだけ苦手意識があっても、450点以上の獲得は必須です。得意な人は満点を狙いましょう。

　またステップ3の本番力養成では、直前の模試の実施によって「できていない」と感じたパートを中心に、必要なら新たに問題集を使って重点的に対策を立てましょう。

目標達成の分岐点──問題意識を持ち続けられたか

　すでに多くのことが「わかる」「できる」のがこのレベル。だか

らこそ**「なぜこのトレーニングが必要なのか」を常に頭に置くこと
が大切**。「解けたからOK」「全部合っていたからOK」は当然のこととして、それだけに留まらずに問題意識を持ちながらトレーニングできるかどうかが分岐点になります。

　成功例――900点を達成したOさん
　Oさん（23歳男性、海外滞在経験なし）
　755点（L 370/R 385）→905点（L 470/R 435）
　※L：リスニングセクション　R：リーディングセクション

・限られた時間で最大効果を生むために、各トレーニングで**「成果
　として何を得るのか」を常に念頭に置いていた**
・「何のトレーニングを」「いつ」「どこで」やるのかを、日々の生
　活の中でルーティーン化した
・苦手意識のあったリスニングにいちばん多くの時間を使った
・毎週の課題を、95％以上の完成度で仕上げてきた（毎週実施す
　る課題の確認テストで、いつも100点満点中95点以上だった）

　失敗例――900点に届かなかったYさん
　Yさん（31歳男性、学生時代に米国に2年の滞在経験あり）
　770点（L 410/R 360）→825点（L 450/R 375）

・もともと得意で、かつ好きなリスニングに多くの時間を使い、そ
　の一方で苦手意識のあった文法や単語暗記を後回しにした
・文法問題集を繰り返し復習したものの、正答を暗記することで解
　けた気になった
・仕事で忙しい日などを中心に、まったくトレーニングしない日が
　何日かあり、非効率になった

第Ⅱ部

基礎力の養成方法

第3章　単語はいくつになっても覚えられる

苦手な人でもできた単語暗記の4つの作業

　第2部からはいよいよ実践です。まずは基礎力。単語力（第3章）、文法力（第4章）、英語脳（第5章）の3つを順に説明していきます。

　単語の暗記には、効率的な順番があります。「暗記は苦手！」という人は多いでしょう。しかし、きちんとした順番に従って、これからお伝えするポイントを押さえれば、しっかり覚えられます。

　これまでの苦い経験や年齢など、うしろ向きになってしまう理由があるかもしれませんが、問題ありません。なぜなら、まったく同じ悩みを持っているかつてのプレゼンスの受講生たちは、これから紹介する方法で成功しているからです。

　単語を暗記するには、4つの作業を正しい順番でやること。大切なのはこれだけです。作業ですから、頭を使って考える必要はありません。なお、本書で「単語」というときは、単語と熟語の両方を指しています。

単語暗記に必要なもの

・単語本（22、25、28頁参照）

　目標スコア600点・750点：『データベース3000 基本英単語・熟語』、『TOEIC®テスト はじめて覚える英単語と英熟語』

　目標スコア900点：『TOEIC® L&R TEST　出る単特急　金のフレーズ』

・ボールペン

・時間を測るもの（スマホで十分）

単語本を使って暗記する単語と熟語の数は次のとおりです。

・目標スコア600点：2600語
・目標スコア750点：3350語
・目標スコア900点：1000語

　これからトレーニング法を説明していきます。実践してみれば簡単なのですが、読んでいるときはわかりにくく感じるかもしれません。章末に「やるべきこと」や「注意点」をリストにして整理していますので、まずはとにかく読み進めてください。

作業1　仕分け ── 「3秒検品」で1850語を1時間半で

　仕分けとは、「もうすでに身についているので、やる必要がない（dogやbeautifulと同じレベルで使える状態になっている）単語」と「やる必要がある（使える状態になっていない）単語」を分ける

[図表 3-1]　もう身についている単語は覚えなくていい

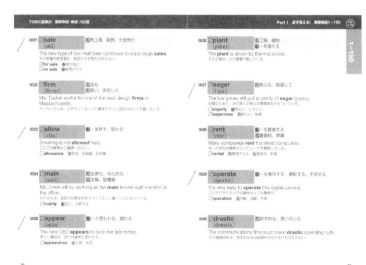

『TOEIC®テスト はじめて覚える英単語と英熟語』pp.36-37

ことです。身につける必要がある単語だけを集中的に身につけることが目的です（所要時間の目安：範囲の単語数×3秒）。

　単語を仕分ける方法は、ペンを持ち、身につける必要がある単語の横にチェックを入れる。これだけです（**図表3-1**）。

　身につける必要がある単語の基準は、次のとおりです。

身につける必要がある（チェックをつける）単語

・すぐに意味が出てこない単語（**思い出すまでに2秒以上かかる**）
・品詞を曖昧に覚えている単語（熟語は不要）
　たとえばfurthermoreの意味は「さらに」と知っていても、品詞（副詞）が曖昧な場合にはチェックを入れる
・正しいアクセントの位置と、母音を知らない単語（熟語は不要）
　（発音記号に「´」がついている箇所がアクセントを置く位置）

チェックをつけない単語

・意味が複数ある場合、1つの意味だけでも知っている単語

　もっと具体的に見ていきましょう。

仕分けステップ1　日本語訳を隠して英単語と日本語訳をつぶやく

　まずは日本語訳の部分を名刺などで隠します。英単語だけを見て、**アクセントを意識して発声し**（声は小さくても可）、**日本語訳を即言います**。品詞も意識してください。たとえば、**evaluateが出たときは「評価」（名詞）と言うのではなく、「評価する」（動詞）と正しい品詞で発声します**。

仕分けステップ2　「アクセント」「意味」「品詞」をチェック

　日本語訳を言い終わったら、**アクセントの位置と母音、そして日本語訳を確認して、間違っていたらチェックを入れます**。アクセントへのチェックは発音記号のアクセントに丸をつけ、意味へのチェックは単語の横に斜め線を入れます。

なお母音の区別は「a, i, u, e, o」だけで十分です。たとえば、日本語の「ア」に当たる音にはæ、ɑ、ʌなど複数あり、厳密には違う音なのですが、すべて「ア」でOK。アクセントの位置が正しければ聞き取れます。

　アクセントのほか、「意味」「品詞」について、「知ってはいるものの、思い出すまでに2秒以上かかるもの」も合わせて、必ずチェックを入れましょう。

　たとえば「dog」「beautiful」は誰もが知っていて、何も考えずに「犬」「美しい」と正しい意味と品詞がわかり、かつ正確なアクセントで発声できる単語でしょう。この「何も考えずに」がポイント。**判断基準は、dogやbeautifulと同じレベルで瞬時にわかるかどうか**です。わからなければ、即チェック。考える隙や思い出そうとする時間を自分に与えず、作業としてサクサク仕分けしましょう。

　図表3-1の左ページを例に、実際にシミュレーションしてみます。

sale→「セイル……セールのことじゃないの？」
→（アクセントの位置と日本語訳を確認して）あれ、「売上高」という意味があるんだな。「大安売り」の意味もあるけど、せっかくだから「売上高」で覚えよう
→単語の横にチェック

firm→「ファーム……会社」
→（アクセントの位置と日本語訳を確認して）OK

allow→「アロー……意味はわからない」
→（アクセントの位置と日本語訳を確認して）アクセントが違うぞ。母音も「ロー」ではなく「ラウ」だ。意味は「許す」なんだな
→単語の横にチェックを入れ、アクセント（´）と母音に丸をつける

main→「メイン……おもな」

　→（アクセントの位置と日本語訳を確認して）「主要な」でも「おもな」でも同じことだからOK

appear→「アピアー……えぇっと、えぇっと」

　→すぐに意味が出ないので、日本語訳を確認

　→意味を出すのに時間がかかったので、単語の横に斜め線を入れる

　→アクセントはOK

チェックを入れようかどうか迷ったら、とりあえずチェックを入れてください。工場の検品作業のように、「すぐに出ない。はいチェック」と淡々と作業を進めていきましょう。チェックを入れるかどうかを迷う時間を取ってしまうと、次から次へと商品が流れてきて生産ラインがストップしてしまいます（**図表3-2**）。

[図表 3-2]　淡々とチェックすれば仕分けはすぐ終わる

そうやってスピーディに仕分けしていけば、たとえば『データベース3000 基本英単語・熟語』のうちの1850単語であっても、極論すると1850秒、わずか31分でできることになります。アクセントの位置や母音を確認する時間等を考慮しても、**トータル1時間30分もあれば仕分けは完了します。**

いざやってみたらあっという間に終わります。ダラダラやるとこの何倍もの時間がかかり、最初の作業から嫌になってしまいます。仕分けはとにかく時間をかけないことが大切。集中するためにも、さらにチェックを入れるかどうか迷う隙を自分に与えないためにも、タイマーをセットして、一気に仕分けてしまいましょう。

仕分け作業では、1つだけでも意味を知っていればチェックは不要です。もちろんすべての意味をインプットするのに越したことはありませんが、効率を最大化するためにも優先順位をつけることが大切。まずは1つの意味を確実に覚えましょう。

一方、**意味を覚えるのと同じぐらい大切なのは、各単語の品詞とアクセントの位置を押さえること。**せっかく意味を覚えていても、品詞とアクセントが身についていないと、TOEICで使えない単語になってしまうので気をつけましょう。

作業2　暗記 ──5回つぶやけば脳が勝手に覚える

続いて、いよいよ単語を覚えていきます。ここからは毎日する作業です。**単語は特に覚えようとしなくても、繰り返しているうちに勝手に覚えます。**つまり単語を暗記するということは、繰り返し見る回数をどれだけ増やせるかが重要。基本はただの繰り返しです。

スマホの操作やキーボードのタイピングでも、繰り返しやっていたら勝手に指が動くようになったという経験は、誰もが持っていると思います。それと同じです（所要時間の目安：作業2〜4まとめて45分）。

単語を暗記し、それを「身についた」と思えるレベル（dogや beautifulと同じレベル）にするために、**まずは頭に入れる（瞬間記憶　作業2）→見直しする（短期記憶　作業3）→さらに復習して定着させる（長期記憶　作業4）、という順番を踏んでいきます。図表3-3**のように、頭の中にある3つのボックスに単語を順番に移動させていくイメージです。

[図表 3-3]　順を追って単語を身につける

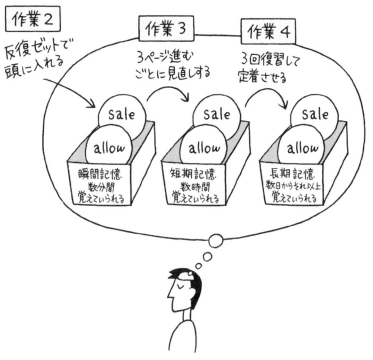

　まずは暗記（頭に入れること）です。**意味を思い浮かべながら、3〜5単語を1セットにして、英単語と1つの日本語訳を5回繰り返しつぶやきます。**7回繰り返すという作業によって、頭の中の瞬間記憶ボックスに単語を入れるのです。

暗記ステップ1　3〜5単語を1セットにする

チェックがついた3〜5単語を1セットでくくります。見開きページごとに3〜5単語ずつ軽く線を入れるとわかりやすいです。

たとえば、4個以下ならそれで1セット。チェックが6個なら3単語ずつを1セットで計2セット、9個なら4単語と5単語で計2セットです（**図表3-4**）。

[図表 3-4]　3 〜 5 単語をセットにすると覚えやすい

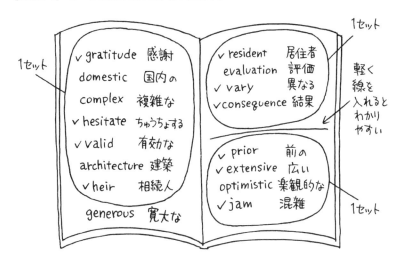

暗記ステップ2　英単語と1つの日本語訳を5回つぶやく

英単語と1つの日本語訳をつぶやく作業を1セットごとに5回転ほど繰り返します。単語をつぶやく時には正しいアクセント（「´」が置かれている箇所）と母音（アイウエオ）を意識してください。

図表3-5の例でいうと、「gratitude、感謝、hesitate、躊躇する、valid、有効な、heir、相続人、gratitude、（以下5回繰り返す）」という順番でつぶやきます。

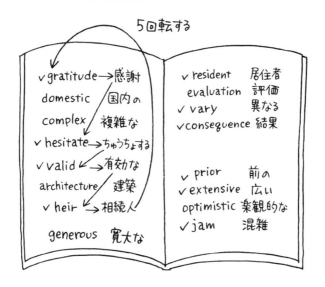

　5回繰り返すと、英単語に対する日本語訳がスラスラ出てくるようになります。これで**瞬間記憶**ボックス（数分で忘れてしまう程度の記憶）に入ったことになります。そうしたら次のセットに進み、同じことを繰り返します。図表3-5からわかるとおり、繰り返す時の目線がゼット（Z）の軌道で動くので、このメソッドを「**反復ゼット**」と呼びます。

　プレゼンスのコーチ達が過去にさまざまなやり方を試した結果、1単語ずつブツブツ声に出して覚えるよりも、**3〜5単語を1セットとしてブツブツつぶやきながら繰り返したほうが頭に入りやすい**という結論に至りました。最初は半信半疑の受講生も、結局80％以上の人が、このやり方は「覚えやすい」と言います。

　機械的に英単語をつぶやけばいいだけですので、電車の中でも、ちょっと立ち寄ったカフェでもできますので、とにかくやってしまいましょう。「絶対に忘れてはいけない」などと気負わなくてOK。**「5回繰り返せば頭に入る」と思い、淡々と、何も感情を入れずに（これが重要！）、作業を進めてください。**

作業3　見直し —— 15分で50単語覚えられる

　反復ゼットで単語を入れたのは、あくまでも瞬間記憶のボックスです。文字どおり「瞬間」ですから、放っておいたらすぐに忘れてしまいます。忘れてしまう前、つまり**覚えてから数分以内に、今度は数時間程度とどめることができる短期記憶のボックスへ英単語を移動**させます。

　具体的には、反復ゼットを3見開き（6ページ。見開きとは左右2ページ分のこと）進めるごとに、戻って見直しをします。**図表3-6**は、単語本を見ていく流れを示したものです。①、②などの丸囲み数字は、進める順番を指します。

見直しステップ1　見開きごとに見直す

　まずは1見開き目（1、2ページ目）の単語を①、②、③、④の順番で見ます。作業2のとおりチェックがついた単語3〜5語を1セットとして、5回繰り返しつぶやいて暗記します（①、②、③）。そして次の見開き（3、4ページ目）に進む前に1見開き目の最初に戻り、チェックがついた単語をまとめて見直します（④）。

　2見開き目（3、4ページ目）も同様に、⑤、⑥を5回つぶやいたら、2見開き目の最初に戻ってまとめて見直します（⑦）。

　3見開き目（5、6ページ目）も同様です。⑧、⑨を5回つぶやき、終わったら見直してください（⑩）。

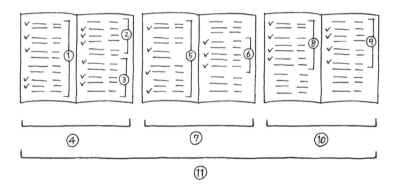

①②③⑤⑥⑧⑨

3〜5単語をひと単位として5回繰り返し、
瞬間記憶ボックスに入れる

④⑦⑩

次の見開きに進む前に、チェックがついている単語だけ見直す。
忘れていたら覚える

⑪

3見開き分見直しをする。7ページめに進む前に、
1ページめに戻って再度見直し

見直しステップ2　3見開きごとに見直す

　最後に、3見開き分の見直しをします（⑪）。4見開き目に進む前に、1見開き目に戻って、チェックがついた単語をすべて再復習。この段階で忘れてしまった単語があれば（あって当然です）、その場で覚え直します。**少し前に覚えたものなのですぐに再暗記できます。**

　このマメに見直す作業を**「3歩進んで2歩下がる作戦」**（3見開き進んで2見開き戻る）と呼んでいます。この作業によって、数時間程度は覚えていられる短期記憶ボックスに単語が移動します（**図表3-7**）。

　わずか3見開き、6ページ分であっても、**覚えたばかりの単語をスラスラつぶやきながら見直す作業は、なかなか快感**です。思わず「やればできるじゃん！」と自分をほめたくなります。それこそが単語暗記の醍醐味です。

　逆に、**見直したときに忘れてしまった単語があっても、一切気にしない**。これは非常に大切です。2〜4割ぐらいの単語は忘れていて当然。だからこそ、ここですぐに覚え直します。作業2の暗記でやったように、忘れた単語を5回つぶやきます。忘れてもすぐにつぶやけば、効率よく覚え直せます。

　そしてここまでの暗記作業と見直し作業は、**15分もあれば50単語程度は進められます**。本当です。作業として淡々とやれば、わずか15分で50単語も覚えられるのです。

　単語本は通常、平易な単語→難しい単語の順番に並んでいますの

で、単語本の最初のほうは余裕を残して覚えられるでしょう。今は信じられないかもしれませんが、ほとんど知っている単語ばかりですから、スイスイ進められます。

この余裕なうちにペースをつかみ、単語暗記のやり方をマスターしてください。そして後半の難しい単語に移っても、15分で50単語のペースは崩さないようにしましょう。後半になれば暗記に慣れていますので、少し難易度が上がっても同じようにできます。

通勤時間、次のアポまでの待ち時間など、15分の細切れ時間は誰にでもあるはずです。「この15分以内で50単語覚えるぞ！」と決め、時間内で覚え切ることに執着しましょう。まさにトレーニングです。慣れてくれば、集中力も上がります。

作業4　復習 ── 時間を置いて見れば「長期記憶」に入る

チェックをつけた単語を作業2の暗記で瞬間記憶に入れ、作業3の見直しで短期記憶に入れたら、最後は**長期記憶**に移動させます。せっかく覚えた単語を忘れないように、復習することで記憶に定着させる作業です。

復習作業は次の2ステップで進めます。

復習ステップ1　12、24、48時間後に復習
作業3の見直しを終えてから、**チェックがついた単語のみを3回復習**します。

1回目　12時間後（半日後）
2回目　24時間後（翌日）
3回目　48時間後（翌々日）

復習ステップ2　覚えられていない単語のみを見続ける
復習した時に忘れている単語はチェックの数を増やし、3回目以

降も繰り返し見続けます。

　復習のたびに、忘れている単語にチェックの数を増やしていくと、3回の復習作業によって、最初のチェックと合わせて1〜4個のチェックがついたことになります（**図表3-8**）。

[図表3-8]　**復習はチェックが多くても淡々と進める**

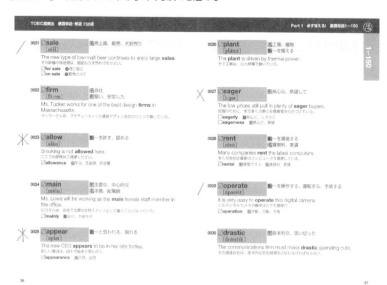

『TOEIC®テスト はじめて覚える英単語と英熟語』pp.36-37
チェックが増えるのは当たり前。誰でもこのくらいチェックが入ります
（この人は少ないほうです）ので、安心してください

　このときにチェックの数が増えるのは当たり前のこと。ここでも「あぁ、こんなに忘れちゃった……」と**余計な感情をいちいち挟まない**。すぐに思い出せなければ「はいチェック、次！」と、何も考えずにチェックの数を増やす。これだけです。何度か復習していれば、そのうち覚えます。それぐらい気楽な気持ちでやりましょう。

人は記憶しても翌日には74%忘れる

　ドイツの心理学者エビングハウスが提唱した「**忘却曲線**」をご存じでしょうか。この説によると、人間は20分後には42%を忘れ、1時間後には56%を忘れ、1日後には74%を忘れると言われています。

　せっかく暗記をしても、翌日には74%を忘れ、たった26%（！）しか記憶に残っていないということです。実にもったいないと思いませんか？

　記憶が鮮明なうちに復習すると、忘れていたとしても短時間で再暗記ができます。したがって**2日以内に3回復習することが重要**。

　忘却曲線に忠実に従うなら、暗記してから20分後や1時間後に最初の復習をするのがベストではありますが、ビジネスパーソンがこれを実行しようとすると大きな負担になります。

　厳密にやろうとせずに、初めから半日後に最初の復習。そして翌日、翌々日と、2日間で3回の復習をやってください。

　2日以内に3回復習するのは、記憶を定着させることが狙いですが、実はそれだけではありません。**「わかるようになった」「できるようになった」という手ごたえを得ることができます。**

　さらに、今日やる分をやり切ったら、十分な達成感も味わうことでしょう。

　この手ごたえと達成感を得ることさえできれば、単語暗記が習慣になり、「やらないと気持ちが悪い」状態になっているはずです。

通勤時間にやればすぐ習慣になる

　ここまで単語暗記の4つの作業について説明してきました。最初の仕分けが終わったら、あとの3つ（暗記、見直し、復習）は毎日やる作業です。ですので、すでに毎日していることにひもづけると習慣化しやすいでしょう。

ビジネスパーソンが毎日することといえば通勤。**通勤中に作業2〜4をするのがおすすめ**です。具体的には、**図表3-9**のとおりです。

[図表 3-9]　通勤と組み合わせると、すぐ習慣になる

　なお、暗記は夜のほうが適しているという通説がありますが、暗記のために毎晩時間を取れるビジネスパーソンは少ないと思います。夜に確実に時間が取れるのであれば問題ありませんが、付き合いのお酒などなんだかんだ予定が入る人は多いはず。そんな人は朝の時間にやるようにしましょう。

激務の大手商社マンが毎日続いた理由とは

　通勤時間をフルに活用したプレゼンス受講生の例を挙げましょう。全7回の単語テストですべて満点を取った数少ない受講生の1人がRさんです。**すべて満点を取るほど単語を覚えられた理由は、**

47

通勤時間を効果的に利用したこと。

　Rさんは、大手総合商社にお勤めの32歳（当時）。お仕事が多忙ということもあり、単語暗記は「朝の通勤電車の中でしかやらない」と決めていました。

　乗車時間は急行で片道25分。ですが、朝の満員電車で単語本が開けない状況を回避するため、あえて各駅停車を利用。これによって乗車時間が10分増え35分になりました。

　帰りは接待などで飲酒しているか、タクシーを利用することがほとんどなので、単語の暗記時間は毎朝の35分だけです。

　まず電車に乗る前、少し早めに駅に到着し、電車を待つ10分ほどの間に前日と前々日分（24時間後、48時間後）の復習を終えます。電車に乗ったら、新しい範囲の暗記をスタート。「頭の中でメトロノームを鳴らすように、一定のリズムを刻んで覚えるようにしました。このリズムの中で思い出せない単語は、瞬時に思い出せるようになるまで、5回、10回と何度も繰り返し、リズミカルにつぶやきました。リズムを刻むことで、より集中でき、『瞬時に思い出す』ことを強く意識できました」とのこと。

　ちなみに朝の通勤電車で暗記した単語は、日中のコーヒーブレイクの時間に復習していたそうです（12時間後の復習）。

　このように通勤の時間を英語に充てれば、必須単語を丸ごと定着させることができるのです。明日からはSNSを少しの間ガマンし、ぜひ単語本を片手に通勤時間を過ごしてみてください。3カ月後には大きなご褒美が待っています。

単語暗記のスケジュール —— 週3〜4時間だけやればいい

　最後に、各目標スコアの単語暗記のスケジュールをお伝えします。本書で説明したやり方で進めれば、週3〜4時間ほどでまかなえるスケジュールになっています（**図表3-10**）。

[図表3-10]　単語本1冊まるごとサクっと覚えられるスケジュール

	第1週	第2週	第3週	第4週	第5週	第6週	第7週	第8週	第9週以降
目標スコア600点	『DB3000』Level 1-2	『DB3000』Level 3-4	『DB3000』Level 5	『DB3000』Level 6	『DB3000』復習	『はじ単』1-450	『はじ単』451-600 熟語1-150	『はじ単』復習	『DB3000』『はじ単』復習
目標スコア750点	『DB3000』Level 4-5	『DB3000』Level 6	『はじ単』1-450	『はじ単』451-750 熟語1-150	『はじ単』復習 1-750 熟語1-150	『はじ単』751-1050	『はじ単』1051-1200 熟語151-300	『はじ単』復習 751-1200 熟語151-300	『DB3000』『はじ単』復習
目標スコア900点	『金フレ』1-400	『金フレ』401-700	『金フレ』復習 1-700	『金フレ』701-900	『金フレ』901-1000	『金フレ』復習 701-1000	『金フレ』Supplement	『金フレ』Supplement	『金フレ』復習

『DB3000』：『データベース3000　基本英単語・熟語[5th Edition]』
『はじ単』：『TOEIC®テスト　はじめて覚える英単語と英熟語』
『金フレ』：『TOEIC® L&R TEST 出る単特急 金のフレーズ』

「復習」と書いてある週は、それまでのトレーニングでチェックをつけた単語を総ざらいしてください。チェックが1つの単語もあれば、3つ以上の単語もあるはずです。それらすべてをこの機会に見直します。

　一方、最初の仕分けでチェックをつけなかった単語の復習は必要ありません。dogやbeautifulと同じレベルで身についている単語ですから、復習をしなくても大丈夫のはず。もし不安を感じるようなら、次の範囲からはより厳しい目で仕分けをするように心がけましょう。

単語暗記につまずく理由ベスト3

「単語暗記が苦手なんです。どうしたらいいですか」という声は、プレゼンスでは毎日のように聞きます。ですがそういう人でも、最終的には暗記のコツをつかんで覚えています。

　これまでも繰り返し書いてきましたが、暗記が苦手だと思うのは

ただの先入観で、**暗記作業の順番とやり方が間違っているケースが
ほとんどだからです。**

　現在40代、50代でも、連日遅くまで働いていても、前向きに暗
記に取り組んで、単語数を着々と増やしている人は数多くいます。
年齢や仕事の状況などを不利に感じず、「繰り返していれば必ず覚
えられる」と信じてやってみてください。

　記憶を司る脳の器官、海馬の研究で有名な脳科学者の池谷裕二氏
も『記憶力を強くする——最新脳科学が語る記憶のしくみと鍛え
方』（池谷裕二著、講談社、2001年）などの著作で記憶力と年齢の
関係を否定されています。

　確かに、年齢を重ねると暗記できないのであれば、年配の俳優さ
んは舞台に立てないことになってしまいます。

　暗記が苦手という人に共通する傾向は、次のとおりです。

プレゼンス受講生がつまずく理由ベスト3　単語暗記編

1位：暗記しても復習（作業4）をしない

2位：「また忘れた！」「やっぱり私には無理」「面倒くさい」
　　　などの感情を入れている

3位：仕分けがいいかげん

次点

・「3見開き進んで2見開き戻る」をせず進みっぱなし

・時間を決めずにダラダラしている。前のめり姿勢になってい
　ない

「暗記が苦手」と思い込んでいる人の95％以上が、このどれかに
当てはまります。

つまずく理由1位　せっかく暗記しても復習をしていない

　**断トツ1位は、長期記憶に入れるための復習をしていないため、
定着ができていないケースです。**

せっかく覚えても、残念ながら復習をしなければ忘れるのは当たり前。**暗記は得手不得手という問題ではなく、人間はそもそも忘れる生き物**なのです。復習は必ずやるようにしましょう。「もう若くないから」とつい思ってしまう人ほど、復習を大切に。もし「忘れやすくなっている」と感じた場合には、復習の頻度を上げましょう。

たとえば朝の通勤電車で覚えたものを、会社に着いて業務を始める前に復習をしておくのもよいと思います。

重要なのは、忘れる前に復習すること。復習するたびに、徐々に覚えている時間が伸びていき、やがて忘れなくなります（**図表3-11**）。

次点にあげた「『3見開き進んで2見開き戻る』をせず進みっぱなし」も同じです。これをやらないと、覚えたそばからどんどん忘れていきます。見直すことによって瞬間記憶から短期記憶につなげ、その後の復習によって長期記憶にしていくのです。

地味ですがシンプルです。誰でもできます。わずか10〜15分の復習が大きな差を生むのです。ここが勝負どころです。

[図表 3-11]　復習するほど覚えられる時間が伸びる

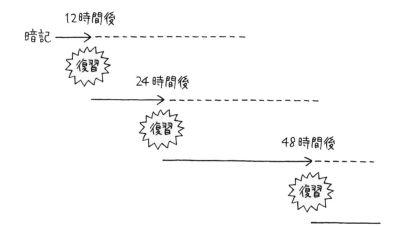

つまずく理由2位 「面倒だ」などの感情を入れている

第2位は、単語暗記の時にいちいち感情を入れることです。これまで単語暗記をした経験があまりない人ほど「こんなの無理でしょ」や「面倒だ」などの感情が入りやすい。しかしこういった感情こそ、暗記の妨げになります。

暗記の時は2秒以内で、即意味がわかるかどうかが重要です。感情が入った瞬間に、その2秒が経過してしまうのです。だからこそ、**感情を入れる隙を与えないためにも、スピードを重視しながら作業として黙々とやりましょう。**

50単語で15分という時間を決めて、その時間内で覚えきることを死守してください。そのほうが時間もかからず、感情を入れる余裕もなくなりサクサク覚えられるので、一石二鳥です。

つまずく理由3位 仕分けがいいかげん

第3位のつまずき理由は、仕分けがいいかげんなこと。最初の仕分け作業をなんとなくやってしまった結果、チェックをつけなかった単語の中に意味が曖昧なものが残っていた、あるいはチェックをつけなかった単語の中に不安なものがある、といったことが起こります。すると、全部の単語をもう一度見直さなければならなくなります。

チェックをつけなかった中に残る、ほんの数語の不安な単語のために、1冊丸ごと見直すのは時間効率がいいとは言えません。かと言って、その数語は見ない振りをしてスルーする、というのもよくありません。

最初の仕分けは「二度と見直す必要がないかどうか」を基準に、厳しい目で進めてください。

単語暗記についてのよくある8つの質問

Q1　単語にかける時間をできるだけ減らすには？

　浅く覚えるくらいなら、覚える単語を減らしてもかまいません。

　大前提として、身についている単語の数が多ければ多いほど、TOEICでは有利です。

　とはいえ、限られた時間でトレーニングする以上、優先順位をつけるべきです。**覚える範囲を狭くしてでも、確実に身につけたほうがいいのは間違いありません。**

　たとえば、「目標スコア600点」の場合、基礎単語で1850語、TOEIC用で750語が暗記の範囲ですが（49頁）、すべてをなんとなく覚えるよりも、TOEIC用の単語を600語に減らしてでも確実に覚えたほうがスコアアップには効果があります。

　英語のトレーニングは「広く浅く」やるよりも、「狭く深く」のほうが効果が高いのです。

Q2　単語の暗記に集中するにはどうしたらいい？

　おすすめは毎日同じ時間帯、同じ場所でやることです。

　元メジャーリーガーのイチロー選手が、試合のある日は毎日同じ行動（ルーティーン）をしていたのは有名な話です。食事のメニュー、ストレッチをする時間と場所、打席に入るときの動作まで、あらゆることを意識的に毎回同じにしていました。そうすることで、自然と集中状態に入れるそうです。

　英語学習でも同じです。毎日同じ時間、同じ場所で単語暗記をやることで、「嫌だな」などの感情を抱かずに、その場所に着いたら自然と単語本を取り出し、すぐに集中状態に入っていけるという効果があります。

　前述したRさんのように、通勤電車を使って単語暗記をする人は多いです。それ以外には、**出勤前にカフェに立ち寄って暗記をする**

人も数多くいます。受講生のうち、3人に1人は通勤電車、3人に1人は出勤前にカフェで単語暗記をしていると言っても過言ではありません。ちなみに残りの3人に1人は、お風呂の時間や昼休みを使って単語暗記をしています。やはり「同じ時間、同じ場所」です。

　いつもより少し早めに自宅を出て、会社近くにある特定のファストフード店やカフェに立ち寄り、毎朝30分の単語暗記を始めてみませんか?

　2週間も続ければ、習慣になります。習慣になれば、当たり前のことになり、やらないと気持ち悪く感じるようになります。

　2週間も続ければ、仕事の書類などで覚えた単語を見かけることもあるでしょう。そうすればしめたもの。「この単語、前に覚えたものだ!」となれば気持ちもどんどん前向きになり、自然と集中できるようになるはずです。

　最初の数日は誰でも、面倒くさいと感じるでしょう。しかし朝のカフェでは、英語に限らず勉強しているビジネスパーソンの姿をたくさん見かけます。

　たとえ他人であっても、そんな姿を見ると「自分も頑張ろう」と思えることでしょう。一度慣れてしまえば、「嫌だな」という感情が入らなくなります。毎日サクサクと作業を進めましょう。

Q3　どうしても覚えられない単語はどうしたらいい?

　繰り返しているうちに勝手に覚えると述べましたが、それでも「どうしても覚えられない単語」はいくつか出てくると思います。相性が悪い単語は誰にでもありますし、その単語は人によって違います。

　できるだけ単語本で覚えるのが望ましいですが、それでもダメなら、最後の手段です。

最後の手段ステップ1　単語の「とっかかり」を考える

・語呂合わせ

- ・イメージ付け
- ・例文を作る
- ・絵を描く

最後の手段ステップ2 「とっかかり」を何度も目に入れる

- ・ふせんに書き、トイレのドアやPCディスプレイの横など、1日に何度も目にする場所に貼る
- ・スマホのメモなどに入力し、1日に何度も見る
- ・手の平や手首の内側に書いて、1日に何度も見る

　こうした方法を駆使して、とにかく覚えましょう。記憶の「とっかかり」をつけると覚えやすくなりますので、語呂合わせやイメージ付けなどは特におすすめです。「〜でない（deny）と否定する」などは有名ですね。

　ほかに、家族や友人に協力してもらうのも手です。「家族と車で移動中、渋滞にはまったときは、覚えにくい単語をまとめたメモを助手席のパートナーに渡し、何度も問題を出してもらった」という話は実際よく聞きます。人に問題を出してもらうのは記憶のとっかかりになるので、とてもおすすめです。

Q4　書いて覚えるのはダメなのか？

　何度も書いて暗記をしてきた人はたくさんいると思います。確かに書いて覚えるのは有効ですし、なじみがあってやりやすいというのもわかります。

　しかし、ほかに**やらなければいけないことがたくさんある中で、単語の暗記だけに時間を使っていられないのも事実**です。扱う単語の数は10語や20語ではありません。目標スコアが600点の人でも2600語です。

　もちろん仕分けによって数はかなり絞れますが、それでも1つ1つ書いて覚えていたら、時間が無限に必要になります。

まずは、4つの作業でできるだけスピーディに覚える。それでも**覚えきれなかった単語のみ書いて覚える**のが効率的です。最初から書いて覚えるのではなく、この順番を大切にしましょう。

Q5　見てつぶやくだけで本当に覚えられるのか？

自信を持って言えます。**見てつぶやくだけで覚えられます**。ただし、1〜2回やっただけで覚えられるわけではありません。先ほどのRさんの例でもわかるとおり、思い出せないからといって1つの単語で止まったり、固執したりしてはいけません。

覚えていなければチェックの数を増やして復習。**回数を増やせばそのうち覚える**と割り切ってOKです。

あるプレゼンス受講生の声です。「同じ単語にチェックが増えると、それはそれでとても満足感を覚えます。『5回もまわしたんだ』とか『もう8回も見たぞ』と、どんどん単語に愛着が湧きます」

Q6　耳から覚えるのはダメなのか？

多くの単語本に添付されているCDを使って耳から覚えたほうが暗記しやすいという声もよく聞きます。本当に**耳からのほうが暗記しやすいのであれば、CDを使って覚えてもよい**と思います。

ただ、その方法だと仕分けができないことがネックです。CDに収録されている全単語の中から、覚えていないものだけを拾うのはとても手間がかかります（CDをMP3に変換して、そこから覚えてないものだけをまとめて……）。覚えるためには繰り返し触れることが不可欠ですので、結果的に非効率になりやすいのです。

Q7　英文の中で覚えるのはダメなのか？

英文の中で出てきた単語を都度暗記したほうが、覚えやすいのは間違いありません。それでも**本書で単語本を使うことをおすすめするのは、効率にこだわっている**からです。

一般的によく使われる基礎単語と、TOEICでよく出題される必

須単語というのは、決まっています。それらを網羅的に掲載しているのが単語本です。短期間で必要量を身につけるのであれば、単語本を使わない手はありません。

　一方、**英文の中で都度覚えていくとなると、基礎単語と必須単語をすべて網羅するのに、膨大な量の英文を読まなくてはなりません**。膨大な量の英文を読んだとしても、基礎単語／必須単語かどうか判断することも難しいでしょう。あまり出題されない、覚えなくてもいい単語まで暗記してしまうかもしれません。

　時間は限られています。まずは一般的によく使われる基礎単語と、出題頻度の高い必須単語をしっかり暗記したほうが、効率がいいと言えるのです。

Q8　単語アプリを使うのはダメなのか？

　単語アプリを使って暗記してもOKです。多くの企業でペーパーレス化が導入されている中、紙よりもスマホのほうがなじみ深いという人も多いでしょう。

　アプリを使う場合でも、4つの作業（仕分け→暗記→見直し→復習）は同じです。ほとんどのアプリに仕分け機能がついていますので、まずは一気に仕分けしてしまいましょう。アプリを使う場合でも、瞬時にわかるかどうかを基準に仕分けしてください。

　作業2の暗記では、5単語程度を繰り返し表示するように設定できると覚えやすいと思います。最大でも10単語までを繰り返し表示させ、まずは頭に入れましょう（本書でいう「反復ゼット」で暗記）。

　その後の見直しと復習も、アプリを使う場合でも同じようにしてください。アプリは、『キクタンTOEIC®【All-in-One版】（アルク）』や『金のフレーズ2』（目標スコア900点で使用する『TOEIC® L&R TEST 出る単特急 金のフレーズ』のアプリ版）などがおすすめです。

1カ月で単語本1冊くらいは余裕

　以上で、単語の覚え方の説明は終わりです。**暗記がきついと感じるのは最初だけ**です。必ず押さえてほしいポイントはあまり多くありません。章の最後にポイントをリスト化していますので、実践するときは、リストを見ながら進めれば、必ず覚えられます。
「暗記なんて受験勉強以来」という人には抵抗があるかもしれません。決められた時間の中で、一心不乱に目の前のことに向かう経験は、日常生活ではなかなかありませんよね。
　ところが、**いざやってしまえば非常に爽快**です。集中しすぎて目的地で電車を降りそびれるなんてこともあるでしょう。「趣味でも仕事でもなく、単語の暗記で乗り過ごしたぞ」とうれしく思うはずです。今はまだ信じられないかもしれませんが、一度スイッチが入ると、本当にそれぐらい集中できるのです。
　単語暗記は覚えたかどうかの基準がわかりやすく、成果が明確なのも利点。復習でポンポンと意味が出てくる時の達成感はたまりません。思わず「よしっ！」とガッツポーズを決めたくなりますし、自分をほめたくなるでしょう。今まで避けてきたことができるようになったという自信は、勉強以外にもよい効果をもたらします。
　プレゼンスの受講生も、最初は「今さら単語暗記か……」という表情がありありと見て取れます。**ペースをつかめるのは、2週目から3週目**です。この頃から変化が訪れます。

「単語の暗記が苦ではなくなった」
「習慣になってきた」
「電車に乗ったら無意識に単語本を開く自分がいて、変わったなあと驚いた」

　このような感想が聞かれるようになります。そして**わずか1カ月**

ほどで**単語本を丸々暗記する**のです。「こんなことができると思わなかった」と自分に驚き、誇らしい表情になります。

　ポイントさえ押さえれば、暗記はできます。まずはぜひ試してください。暗記後に感じる大いなる達成感と、「覚えた単語が出題された！」「覚えた単語が聞き取れた！」という大いなる喜びを、存分に味わってください。

単語暗記　やることリスト

□「dog」や「beautiful」レベルで身についていない単語すべてにチェックを入れて仕分けする（多義語は1つだけ意味を知っていればOK。アクセント、母音、品詞を知らない場合もチェック）

□3〜5単語を1セットにして5回ブツブツつぶやいて暗記（正しい位置にアクセントをつけてつぶやく）

□1見開き進むごとにその見開きの最初に戻って見直す

□3見開き進むごとに2見開き戻って見直す

□覚えてから2日以内に3回復習する（12時間後、24時間後、48時間後）

注意点

□毎日同じ時間帯、同じ場所で覚え切る

□姿勢は常に前のめり

□どうしても覚えられない単語は、記憶のとっかかりをつける

□「見る回数を増やせばそのうち覚える」と割り切る

やらなくていいことリスト

□スペルを気にする

□「絶対忘れてはいけない」と考える（忘れるのが普通）

□年齢や仕事の多忙さを不利に感じる

□思い出せるまで1つの単語で止まる

□感情を入れる、感情的になる（気合いも不要）

第4章　文法がわかると英会話力も上がる

文法は「品詞と文型」を先に覚えるとやりやすい

　特に600点を目指すほとんどの人は「文法の重要性はわかっている。でも何から手をつけていいのかわからない」と口にします。市販されている文法の参考書は、どれも分厚くびっしりと説明がされていて、開くだけでやる気を失くすのも無理はありません。

　文法を理解するにあたり、一定量の暗記はどうしても必要です。**しかし、どういう順番で文法を勉強していけば効率的かはお伝えできます。** 最初に品詞と文型を完全に理解し、暗記することで、その後のトレーニングを効率的に進めることができます。なぜなら、**品詞と文型こそが、数ある文法項目を根っこで繋げる土台**だからです。

　参考書などで関係詞に関する説明を読む時、「主格」や「目的格」という言葉は必ずと言っていいほど出てきます。この時、品詞や文型がわからないと、説明の中のこれらの言葉がわかりません。

　英文のパターンは、わずか5つしかありません。それが「5文型」です。5つしかないので丸暗記しましょう。そうすると、英文を構造的に見ることができます。「あ、この英文は、あのパターンね」などと整理がしやすくなります。**大人の勉強は、パターンを先に覚えてしまい、数をこなして定着させるという順番が向いています。**

　さらに言うと、**品詞と文型さえわかっていれば一瞬で解けてしまう問題が、TOEICには数多く出題されています**（10頁）。パート5と6の3割ほどの問題が該当します。

　品詞と文型についてざっくり知るために、本章の最後に「基本中の基本！品詞・文型講座」を用意しました。いまいちピンとこない

61

人はもちろん、特に不安がない人も、確認のためにご一読ください。

　文法の知識は、TOEICのためだけではなく、**英会話や仕事上でのやり取り（メール送信や資料の読み込みなど）でも不可欠**です。これを機に、効率よく一気呵成に身につけてしまいましょう。

文法が一気に身につく3ステップ勉強法

「文法と言えば問題集」と思っている人は多いと思います。ですが、**まずは参考書を使って全体像を把握し、大枠の知識を覚えましょう**。最初に全体像を把握することで安心感が持てますし、中学高校の知識を思い出したり、整理したりすることもできます。

　ひととおりの知識が整理できていない状態で問題集を始めても、勘か当てずっぽうでしか問題を解くことができません。それでは効率が悪いのは何度も述べたとおりです。

　　文法のトレーニングで準備するもの
　　・教材（『TOEIC®TEST文法完全攻略』）
　　・蛍光ペン（黄色、ピンク、水色、緑の4色）

準備体操：「品詞・文型講座」を読む

　トレーニングに入る前に、本章の最後にある「基本中の基本！品詞・文型講座」を読んでおいてください。目標スコア600点の人は5回、750点の人は3回、900点の人は1回読めば、これから先のトレーニングがかなりスムーズに進むはずです（所要時間の目安：計30分〜2時間）。

ステップ1　仕分け ── 見開き3分で一気に通読する

　教材を読みながら「わからないこと（覚えていないこと）」を仕分けしていきます。単語暗記で最初にやる仕分けと同じです。黄色の蛍光ペンを持って、次の3つの箇所にマーカーを入れます（所要時間の目安：1見開きにつき1分～3分）。

文法の仕分けでチェックする箇所
　・説明がわかりにくいところ
　・覚えていないこと（助動詞の意味など）
　・一度読んだだけで訳せない例文

　たとえば、「助動詞のうしろは動詞の原形」という説明は、おそらくほとんどの人が瞬時に理解できると思います。

[図表4-1]　文法も「わからないところ」だけに集中する

『TOEIC®TEST 文法完全攻略』pp.66-67
覚えていないこと、訳せない英文にマーカーを入れる

そしてHe can speak English very well.という例文も一発でわかると思います。一方、canにはほかに（否定形で）「〜のはずがない」という意味もあります。これを覚えていなければマーカーを入れます（**図表4-1**）。

目安の進行スピードは、見開き（2ページ）で最大3分。ここでの目的は仕分けだけです。**じっくり考え込みながら進めようとすると、100％眠くなります。**

3分は意外と短いです。単語の仕分けと同じく、ここでもタイマーを使い、時間がきたら音が鳴るようにしておきましょう。とにかく**「仕分けだけを目的に、スピーディーに」が大きなポイント**です。

750点、900点を目指す人は、「抜けている箇所がないかどうか」を確認する目的で、見開き1分〜1分30秒のペースで進めましょう。

ステップ2　集中5回読み —— わからないところだけ熟読

続いてマーカーを入れた箇所、すなわち「説明がわかりにくいところ」「覚えていないこと」「一度読んだだけで訳せない例文」に絞って再読します。今回はじっくりと、書いてある説明を理解しながら読みましょう。暗記が必要な箇所はここで覚えます（所要時間の目安：2〜10時間）。

ステップ1の仕分けを目的とした通読は、新聞を読むようなイメージです。新聞記事の中に多少わかりにくいことがあっても、時間も限られていますし、気にせずに読み進める人が多いと思います。

ステップ2の通読は、家電の取扱説明書を読むイメージです。説明がわかりにくい箇所は、わかるまで繰り返し読みますよね。

ステップ2の通読でも理解が不十分だと感じる箇所は、ステップ1と違う色（黄色以外）でマーカーを入れましょう。読む回数を重ねればわかるようになるので、三度目、四度目と頭に入るまで繰り返し、不十分と感じるところはさらに違う色のペンでマーカーを入れます（**図表4-2**）。

文法も、単語と同じく接する回数が重要です。二度目でもわからない・覚えられないところは、また次回読めばいいだけ。5回読めば、どんな苦手なところもわかります。

[図表4-2]　2回目は「家電の取扱説明書」のように読む

『TOEIC® TEST 文法完全攻略』pp.66-67
三〜四度目に読んでも覚えていないものには、違う色のペンでマーカーを入れる

ステップ3　問題演習 ——135問を脊髄反射で解く

　次はいよいよ問題を解きます。教材の『TOEIC® TEST 文法完全攻略』には、27箇所に「Check & Check!」という問題がついています。ここのA問題のみを解きます。全部合わせて135問しかありませんが、そのかわり完璧にします。**完璧とは、問題を見たらすぐに、答えと答えの理由が即浮かぶ状態**のことです。これを「**パブロフの犬状態**」と呼んでいます（所要時間の目安：2〜6時間）。

解き方1　ノートや紙に問題番号を書く

「Check & Check」1回分につき1〜5の数字をあらかじめ書いてお
きます。たとえば、6回分解くときは**図表4-3**のようにします。

[図表 4-3]　あらかじめ問題番号だけ書いておく

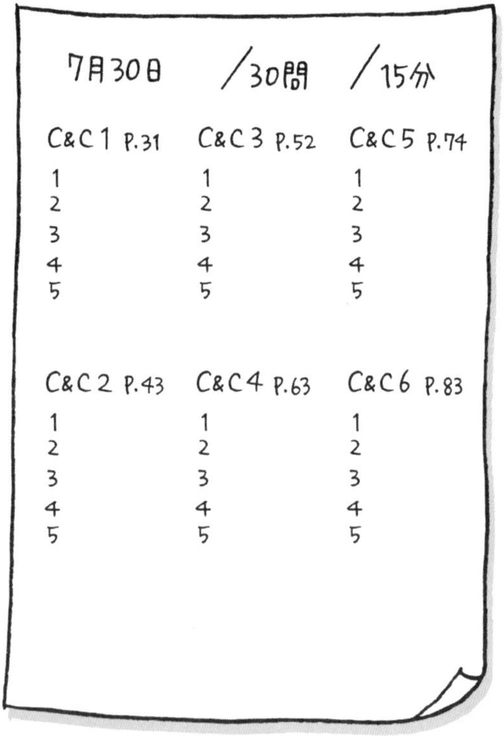

解き方2　実際に解く

1問あたり30秒（6回分なら30問15分）を設定して問題を解きます。

解き方3　答え合わせ

問題を解いたら、すぐに答え合わせをします。

解き方4　間違えた問題、自信がない問題にチェック

間違えた問題と、正解したけれども答えの根拠が曖昧なところ

は、教材の該当するところにチェックを入れます。

解き方5　チェックがついた問題の解説を読む

チェックを入れた問題の解説を読みます。解説を読んでも理解できない場合は、本文で説明されているところを読んでください。

解き方6　チェックがついた問題を繰り返し解く

チェックをつけた問題だけを、「パブロフの犬状態」になるまで繰り返し解きます。問題を見たら、すぐに答えと答えの理由が即浮かぶ状態まで持っていってください。目安は3回です。

ここでも、最初にやるのは仕分けです。1問30秒で時間を設定し、時間内に解答を終えたら、すぐに答え合わせをします。間違えた問題と、正解はしたけれども自信がない問題、つまり、たまたま当たっていた問題にチェックを入れ、解説を読みます（**図表4-4**）。

[図表 4-4]　文法も「仕分け」をすれば効率的に身につく

『TOEIC®TEST 文法完全攻略』p.274
文法問題はAのみ実施し、間違えた問題にチェックを入れる

そして次回からはチェックをつけた問題だけを解き、正解したらチェックに○を入れます。それを繰り返しているうちに、チェックがどんどん○になっていきます。

　目安は3回ですが、多くても5回解き直せば、おそらくすべてのチェックが○になるでしょう。そうなれば完了です。

長くても7週間あればひととおり終わる

　図表4-5が目標スコアごとの進行スケジュールです。

[図表4-5]　目標スコア別文法スケジュール

	第1週	第2週	第3週	第4週	第5週	第6週	第7週
目標スコア600点	品詞・文法講座 Chapter 1-3	Chapter 4-6	Check & Check! 1-14	Chapter 7-8	Chapter 9-11	Check & Check! 15-27	復習
目標スコア750点	品詞・文法講座 Chapter 1-6	Check & Check! 1-14	Chapter 7-11	Check & Check! 15-27	復習		
目標スコア900点	品詞・文法講座 Chapter 1-6 Check & Check! 1-14	Chapter 7-11 Check & Check! 15-27	復習				

教材は『TOEIC®TEST文法完全攻略』を使用

　目標スコア750点、900点のスケジュールでは、1週間に進める量が多いです。これは、載っている例文を見れば文法のポイントが何かがすぐにわかる知識量を前提としているからです。

文法につまずく理由ベスト3

文法が苦手な人に共通するポイントは、次のとおりです。

プレゼンス受講生がつまずく理由ベスト3　文法編
1位：何がわかっていないのかがわからない（仕分けができて
　　　いない）
2位：教材の説明を読んでも頭に入らない
3位：答えを覚えたから復習しない

つまずく理由1位　何がわかっていないのかがわからない

　1位の「何がわかっていないのかがわからない」というお悩みは、受講生から毎日のように聞かれます。教材を読んでいるし、問題集をやっているけど、文法の苦手意識が消えない。

　こういう人に「文法でわからないのはどこですか？」と質問すると、「うーん、なんか、全体的に……」という回答が返ってきます。

　苦手意識が消えない共通点は大きく3つあります。

　1つめは、**品詞と文型の知識が足りないため、ほかの文法項目の理解が浅いこと**です。品詞と文型は、あらゆる文法の根幹にあたります。

　たとえば、不定詞の説明を読んでいるときに「形容詞的に使う」と書いてあったとします。ここで「形容詞って何だっけ？」と疑問に思ってしまっては、不定詞の説明は理解できません。

　これと同じことが、ほかの文法項目でも起こります。結果、「全体的にわからない」という状態に陥ってしまいます。とにかく最初に品詞と文型の知識を身につけることは非常に大切なのです。

　2つめは、**仕分けが曖昧なこと**。なんとなく教材を読んで、なんとなくわかるから、そのまま読み進めてしまう。結果、教材にほと

んどチェック（マーカー）が入らなかったというケースです。

　これを防ぐためには、ステップ1の仕分け通読でも、ステップ3の問題演習の後でも **「自分は本当に理解しているか？」と問いかけながら仕分けをするようにしましょう。** 少しでも怪しいと思ったらマーカーを入れるようにしてください。

　特にステップ1の仕分け通読でマーカーを入れるかどうか迷うことがあるかもしれません。**基準は「助動詞のうしろには原形がくる」「canの意味は、〜できる」と同じレベルでわかっているかどうか** です。

　わかりにくいなら、「その文法を使って例文を作れるか？」を判断材料にしてもOKです。助動詞canの例文を作れと言われたら、I can speak Japanese.などの例文を作れると思います。これと同じことができるかどうかを、マーカーを入れる時の判断基準にしてください。

　ステップ2の集中5回読みで2回目、3回目と反復して読む時も、1回めと同じ基準で確認し、違う色のペンでマーカーを入れ続けることが大切です。

　3つめの理由は、**理解と暗記を混同していること。** 文法には理解が必要なことと、単純に暗記すればいいことがあります。

　たとえば、「不定詞の名詞的用法」と「動名詞」はどちらも「〜すること」という意味ですが、いつでも同じように使えるわけではありません。後ろに不定詞しか置けない動詞と、後ろに動名詞しか置けない動詞があります。このように、抽象的で応用可能な知識を身につけることが「理解（わかっていること）」です。

　一方、「wantの後ろは不定詞だけ」「finishの後ろは動名詞だけ」と個別具体的な知識を覚えることが「暗記（覚えていること）」です。

　文法問題には、「wantの後ろにくるのは不定詞か動名詞か」といった単純な知識を暗記しているかを問う問題も出題されます。ここで間違えたときに、「やっぱり私は文法をわかっていない」と思う人が多いのです。実際にはちゃんとわかっていて、単に個別の知識

を覚えていないだけにもかかわらず……。

「わかっていない」と思ってしまうと絶望感がありますが、ただ単に知識を「覚えていない」だけだと思えば、前向きにとらえることができます。したがって、**自分は本当にわかっていないのか、ただ単に覚えていないだけなのかを区別してください。**

わかっていないなら教材を繰り返し読めば大丈夫。覚えていないなら単にその場で覚えればいいだけです（単語と同じように、12時間後、24時間後、48時間後の3回見直して、長期記憶に入れます）。

つまずく理由2位　教材の説明を読んでも頭に入らない

続いて2位の「読んでいるだけでは頭に入らない」という声も非常に多いです。解決策は2つあります。

1つめは、**1回読んだだけですべてをわかろうとせず、読む回数を大事にする**ことです。単語の暗記と同じで、繰り返しているうちにそのうち頭に入ります。5回読めば、ほぼ大丈夫でしょう。

2つめは、**読む間隔を2日以上あけない**ことです。単語と同じように、頭に記憶が残っているうちに復習すると、身につきやすくなります。したがって、**ステップ1の仕分けから、ステップ2の5回目の理解＆暗記まで、3日以内で終わらせるのがベスト**です。そうすることで、効率がグッとよくなります。

つまずく理由3位　答えを覚えたから復習しない

最後に3位です。「問題集を1回解けば答えを覚えてしまいます。反復することに意味があるんですか？」という質問は、文法関連ではもっとも頻繁にいただきます。

本来、反復は語学学習にとって欠かせない、非常に効果のあるトレーニングです。一方で、目的意識を持たずに反復してしまうと、まったく意味をなさなくなります。

文法問題を反復する目的は**「問われている文法のポイントを身につけること」**であって、**「問題に正解すること」**ではありません。

したがって、チェックがついた問題を解き直す時には**「なぜこれが正解なのか」「なぜそれ以外の選択肢はダメなのか」**を確認しながら解いてください。そうすることで、問題の決め手となるポイントを身につけていきましょう。一度身につけば、初見の問題で同じポイントが出題された時に、きちんと正解を選べるようになります。

文法ができれば「感覚だけの英語」から抜け出せる

品詞と文型を覚え、間隔をあけずに教材のわからないところだけを5回読み、そして135問を完璧にする。これで文法はモノにできます。**一度身につけてしまえば、衰えることがあまりないのが文法力**です。

単語のように、せっかく覚えても1年後には忘れてしまうといったこともありません。文法力は一生モノの武器だと言えます。

この章の最後に、「英語に本当に自信がないんです」という受講生Mさんのお話をします。

MさんはTOEICで850点をお持ちでした。これを聞くと、「自信がないはずないじゃないか」と思ってしまいます。そんなMさんの悩みは文法でした。「英語は耳から覚えた」というMさんは、850点のうち480点をリスニングセクションで稼いでおり、リーディングセクションは370点です。

周りからは「Mさんは英語ができる人」と思われています。にもかかわらずご本人は「感覚で問題を解いているだけ。本当は英語がきちんとわかっていない」と話し、周囲からの印象と実体とのギャップに悩んでいました。

実は、TOEICのスコアは高いのに、文法が苦手な人はたくさんいます。意外かもしれませんが、英語を使う職場で働いている人に特に多いように感じます。オフィスで英語を聞く機会が多いので、感覚でどうにかできてしまうリスニングセクションのスコアは高い。

ですが、能動的にトレーニングしないと身につかない単語や文法

が求められるリーディングセクションのスコアは低いのです。

　読者の皆さんの中にも、思い当たる人がいるのではないでしょうか。そういう人は「いつかは文法に向き合わないと、これ以上は英語力が伸びないな」と薄々気づいていると思います。

　このままでは、Mさんのように「実は英語ができない、わかっていない」という後ろめたさがずっと付きまといます。

　そのまま英語と付き合い続けるか、少し腰を据えて、文法が「わかる！」という状態に持っていくか。答えは明らかではないでしょうか。

　TOEICでは、実生活でも役に立つ文法知識を問うています。ぜひこの機会に文法を克服し、英語力への本当の自信をつけてください。

文法　やることリスト

□品詞と文型を完全理解＆暗記する
□参考書を読みながら仕分けし、マーカーが入った箇所だけを
　反復する
□問題集を、すべての問題が〇になるまで（「パブロフの犬状
　態」になるまで）解く
□何となく正解した問題にもチェックを入れて、繰り返し解く
□同じ問題を繰り返し解くときは「なぜこれが正解なのか」を
　確認しながら解答する

文法　やらないことリスト

□たくさんの問題集を使うこと
□同じ問題を解くときに、答えの暗記に頼って解答すること

章末付録　基本中の基本！　品詞・文型講座

　品詞と文型は、すべての文法の根幹です。しっかり身につけたら、TOEICパート5と6のうち、約3割も出題される品詞と文型の問題に自信を持って解答できます。

　逆にここが身についていないと、文法の苦手意識はずっとついて回ります。それほどの重要事項です。100％覚えましょう。短期間でスコアアップを目指すなら、がんばる価値のあることです。

　ここでは、文法の超基本ルールの3つに絞って解説します。

超基本ルール

ルール1　品詞：名詞、動詞など、単語の種類
ルール2　文型：第1文型、第2文型など、英文の5つのパターン
ルール3　句と節：2つ以上の単語が集まってできるブロック

　これだけ見ると、思わず顔をしかめてしまうかもしれませんが、ご安心を。本当に必要なことだけをまとめてあります。

　目標スコア600点の人は、前から順番に全体を5回読んでください。あまり間隔をあけずに、できれば3日以内で5回読むと、さらに理解しやすくなります。何はともあれ5回です。

　最初の3回は新聞を読むときと同じように、わかりにくいところがあっても止まったり、調べたりせず、そのまま読み進めていただいてOKです。

　そのかわり、1回読んだだけで「やっぱりわからない」と投げ出してしまわないように。反復回数は、やはり大切です。

　4回目の読みからは、重要事項の暗記を心がけながら読んでください。間隔をあけずにすでに3回読んでいれば、頭に入りやすいはずです。

ルール1　品詞 ―― 単語の種類のこと

　品詞とは、単語の種類のことです。なぜ品詞の暗記が大切かとい
うと、ルール2の文型（英文の5つのパターン）を理解するのに必要
な知識だからです。

　いわば文型理解のための予備知識。品詞は全部で10個あります
が、**重要なのは6つのみ**です。**名詞、動詞、形容詞、副詞、前置詞、
接続詞**について、特徴を暗記しましょう。

名詞
　物や事の名前を表す言葉。「本」「水」「コップ」「私」など。
　　特徴1：英文において、主語S、目的語O、補語Cになれる（いず
　　　　れも後述）。

動詞
　物の動きや状態を表す言葉。「〜である」「読む」「走る」など。
1つの文に、必ず1つは動詞がある。
　　特徴1：**be動詞**（am、isなど）と、**それ以外の動詞**（一般動詞）
　　　　の2種類がある。
　　特徴2：一般動詞には、**自動詞**と、**他動詞**の2種類ある。他動詞は、
　　　　後ろに目的語にあたる名詞が必要（後述）。
　例）The boy ran.（その男の子は走った。　ranは自動詞）
　　　I drink coffee.（私はコーヒーを飲む。　drinkは他動詞）

形容詞
　名詞の前か後ろに置き、名詞を説明（修飾）する言葉。
　　特徴1：**英文において、補語**（後述）**になれる。**
　　例）a **beautiful** girl、something **good**

副詞

動詞、形容詞、副詞、または文全体を説明する言葉。

特徴1：名詞以外のほとんどを説明できるので、**文のさまざまな**
ところに挿入できる。

例）I learn English **hard**. 　　　　→動詞を説明
　　私は一生懸命、英語を学ぶ。
　　The game is **very** exciting. 　　→形容詞を説明
　　そのゲームはとても興奮する。
　　Fortunately, I passed the exam. 　→文全体を説明
　　幸運にも、私は試験に受かった。

※形容詞にlyをつけると、副詞になるものが多い。

例）a beautiful lady 　→　She dances **beautifully**.
　　美しい女性 　　　　　　　彼女は美しく踊る。

接続詞

2つ以上の言葉あるいは文（主語と動詞があるもの）をつなぐ言葉。

例）I had　bread　**and**　fruits .
　　私はパンとフルーツを食べた。
　　 I met Taro in Shibuya , **but**　we didn't have time to talk .
　　私は太郎に渋谷で会った。だが話す時間がなかった。

前置詞

名詞の前に置き、その名詞とセットになって場所や時などを表す
言葉。

例）**in** the park, **at** the station

特徴1：前置詞の後ろに動詞を置く場合は動名詞にする。動名詞
　　　　とは、動詞に－ingをつけた形のこと。

例）He is proud **of** singing very well.
　　彼はとても上手に歌うことを誇りにしている。

品詞はここまでです。覚えてほしいのは各品詞の特徴です。次の文型に進む前に、ここで簡単な確認テストをしましょう。空所に入るのは何か、スラスラ答えられるでしょうか（答えはこのコラムの最後に載せています）。

品詞の役割

　・形容詞…（　　　　）を修飾する
　・副詞…（　　　）、（　　　）、（　　　）、（　　　）を修飾する
　・前置詞…前置詞の後ろは（　　　　）
　・接続詞…接続詞の後ろは主に（　　　　）

ルール2　文型 ── 語順のパターンのこと

「英語を理解する」とは、単語の意味と、単語の並べ方（語順）を理解することだと言えます。そして語順を理解することは、これから述べる英文の5つのパターンを理解するということです。

どんなに複雑に見える英文であっても、分解していくとたった5つのパターンのどれかに当てはまります（倒置や省略など例外もありますが、まずは原則だけでOKです）。この5つのパターンを「5文型」と呼びます。たった5つしかありません。せっかくパターン化されているのですから、覚えてしまったほうが早いでしょう。この機会に押さえてください。

基本5文型

第1文型　S ＋ V
第2文型　S ＋ V ＋ C
第3文型　S ＋ V ＋ O
第4文型　S ＋ V ＋ O1 ＋ O2
第5文型　S ＋ V ＋ O ＋ C

5文型を構成している文の要素は、主語S、動詞V、目的語O、補語Cの4つです。それぞれ、次のようにどの品詞がなれるのかが決まっています。

　　・主語Sになるのは名詞
　　・動詞Vになるのは動詞
　　・目的語Oになるのは名詞
　　・補語Cになるのは名詞か形容詞

　つまり、先ほど品詞を6つ挙げましたが、その中で**文型を構成する要素（英文を作るために必ず必要なもの）になるのは、名詞、動詞、形容詞の3つの品詞だけ**なのです。
　では、5つの文型を見ていきましょう。

第1文型　S + V ── SはVする

My friend lives in Osaka.
　　S　　　　V

主語Sには名詞が使われます。

第2文型　S + V + C ── SはCである（Cになる）

My friend is smart.
　　S　　V　C

S = Cの意味関係が成り立ちます。動詞Vにはbe動詞やbecomeがよく使われます。補語Cには名詞か形容詞が使われます。

第3文型　S + V + O ── SはOをVする

My friend bought a car last month.
　　S　　　V　　　O

目的語Oには名詞が使われます。

第4文型　S + V + O1 + O2 —— SはO1にO2をVする

My friend gave me an e-mail yesterday.
　　S　　　　V　　O1　　O2

目的語Oが2つあるのが特徴です。

第5文型　S + V + O + C —— SはO = Cの状態にVする

My friend calls me Joe.
　　S　　　　V　　O　 C

O = Cの意味関係が成り立ちます。目的語Oの状態や様子を補語Cが説明します。

「本当にこの5つだけ？　もっと複雑で長い英文もあるじゃないか」と思ったかもしれません。しかし**どんなに長い英文であっても、分解していくとこの5つのパターンのどれかになります。**

　長い英文は、文型をベースにして、そこに「修飾語句」や「節」（句と節の説明はこの後します）などがくっついているだけです。

　たとえば、次の英文も2行にわたる長いものですが、分解していくと第3文型の英文です。

The Hotel Group is accepting original digital photo submissions
　　　　S　　　　　　V　　　　　　　　　　　　　O

(from the public) that will represent the company worldwide.
　前置詞＋名詞

（thatは関係代名詞で、that以下がoriginal digital photo submissionsを説明している）

　どうですか？　実際は第3文型のThe Hotel Group is accepting original digital photo submissions.が骨格になっていることがわかりましたか？

　文法とは、英文の骨格である文型の要素（主語S、動詞V、目的

語O、補語C) に、意味を追加するためのルールのことです。この英文の場合は、文型の要素（目的語）であるoriginal digital photo submissionsに、関係代名詞を使って意味を追加しています。

　意味を追加するための句や節は関係代名詞のほかに「不定詞」「分詞」などがありますが、いずれも5文型の知識がないと、理解することが難しいと言えます。だから文型がすべての英文の根幹なのです。

　文型を理解するにあたって押さえたいポイントは2点あります。

　1つめは、**文には必ず主語Sと動詞Vが存在する**こと。

　2つめは、**「副詞」と「前置詞＋名詞」の2つは、**（文型を構成する）**文の要素にはならない**ことです。文を構成する要素にならないということは、不足しても英文は成立するということです。

　I usually study English at night.
（たいてい、私は夜に英語を勉強する）

　この英文は、第3文型（S＋V＋O）です。

　・Iが主語S
　・studyが動詞V
　・Englishが目的語O

　それ以外のusually（副詞）と、at night（前置詞+名詞）は、文の要素ではなく、意味を追加するために使われているにすぎません。つまりこれらがなくても、I study English.が残りますから、英文としては（文法的に）正しいのです。

　一方で、次の例のように仮にIがなく、Usuallyで始まっていたとしたら、その英文は間違いです。

　×　Usually study English at night.

「たいてい夜に英語を勉強するんだよね」のように、日本語では主語がなくても文は成り立ちます。ただしこれをそのまま英文にする

と、間違った英文（意図とは異なる英文）になります。英文には、主語にあたる（代）名詞が動詞の前に必要だからです（usuallyは副詞のため主語にはなれません）。

もう1つ具体例を出しましょう。

例）**People** (in the theater) **laughed** (at that scene).
　　　S　　　　　　　　　　　V

（劇場にいた人々は、そのシーンで笑った）→第1文型（S＋V）

前置詞＋名詞は文の要素ではないと前述しました。一見少し長い英文でも、これらをカッコに入れて考えるようにすると、非常にシンプルな第1文型の文であることがわかります。

このように複雑な英文を訳すときは、**副詞と、前置詞＋名詞のカタマリはカッコに入れて、文の要素だけで意味を考えるようにする**と理解しやすくなります。

以上が文型の説明です。5文型とは、わずか5つしかない英文のパターンのことです。ぜひ覚えてしまいましょう。

ルール3　句と節 ── 2つ以上の単語がまとまったカタマリ

では続いて、3つめの句と節について、話を進めます。

2語以上の単語が合わさって、1つの名詞、形容詞、副詞の役割を果たすものを「句」または「節」と呼びます。句と節の違いは、**句は主語Sと動詞Vを含んでいないもの、節は主語Sと動詞Vを含んでいるもの**です。

句──SとVを含んでいない

例）High school students from China had a good time / in Tokyo.
　　　名詞句　　　　　　前置詞句　　　　名詞句　　　前置詞句

（中国から来た高校生は、東京で楽しい時間を過ごした）

節──SとVを含んでいる

SとVを含んでいるため、文の中の文とも言える。

例）He said **that he loved her when they went abroad**.

（彼は彼女に好きだと言った。彼らが外国に行ったときに）

このとき、文型を構成する主語Sと動詞V（He said）を含んだ節を**主節**、主節の一部もしくは主節を説明している主語Sと動詞Vを含んだ節（that he loved her / when they went abroad）を**従属節**と言います。

He said that he loved her　when they went abroad.
　S　V　O 従属節（名詞節）　　　従属節（副詞節）
　　　　　　主節

この例文に出てきた従属節はさらに「**名詞節**」と「**副詞節**」という2種類に分けられます。

・that he loved her：動詞（said）の目的語の位置にある。目的語となる品詞は名詞→名詞節
・when they went abroad：文型の要素（主語S、動詞V、目的語O、補語C）ではない→副詞節

さらに従属節には名詞節、副詞節のほかに、形容詞節があります。79頁の例文で確認しましょう。

The Hotel Group is accepting original digital photo submissions
　　　　　S　　　　　　V　　　　　　　　　O

(from the public) that will represent the company worldwide.
　前置詞＋名詞　　　　　　従属節（形容詞節）

・thatは関係代名詞で、that以下がoriginal digital photo submissionsという名詞句を説明している。

・名詞を説明するのは形容詞→that以下は形容詞節。

　主節、従属節といった文法用語が何を意味しているのかがわかると、参考書や文法問題集の解説がグッと読みやすくなります。決して複雑ではないので、これを機に覚えることをおすすめします。

問題（77頁）の解答
・形容詞…（名詞）を修飾する
・副詞……（形容詞）、（動詞）、（副詞）、（文全体）を修飾する
・前置詞…前置詞の後ろは（名詞）
・接続詞…接続詞の後ろは主に（文〈主語＋動詞〉）

第5章　英語脳を鍛えて英語を英語のまま理解する

「意味取り」と「音取り」ができれば英語力が格段に上がる

「英語脳」とは、英語を英語のままで理解できる脳のことです。TOEICのなかで英語脳に直接かかわるのは、リスニング力とリーディング力の2つです。言い換えると、次のとおりです。

- **英文を素早く理解する力**：聞き取った英文や読み取った英文を、瞬時に"uh-huh"と理解しなければ、TOEICの膨大な量の英文を理解し切れません。二度聞き／読みする余裕などないからです。
- **英語を聞き取る力**：そもそも英語が聞き取れないと、リスニングでは英語を英語のまま理解することはできません。

　この**「意味」と「音」の2つの側面からトレーニングをすることで、英語を英語のまま理解できるようになります**。どちらかが欠けると、英語脳は成り立ちません（**図表5-1**）。

　ちなみに、「英語ができない」と嘆いている人はほぼ全員、どちらかの力が特に足りていません。次の特徴に身に覚えがある人は、英語脳をトレーニングすることで解決することができます。

意味を理解する力が特に足りない人の特徴
- リスニングセクションのスコアは高いけど、きちんと理解できているという自信を持てない
- 文法が嫌い

音を聞き取る力が特に足りない人の特徴

・リーディングセクションと比べて、リスニングセクションのスコアが低い
・テストスコアは高いのに、会話ができない

英語脳トレーニングで具体的にすることは、次の4つです。

意味のトレーニング

　トレーニング1　意味取り音読・速読
　トレーニング2　意味取りリスニング
　＜意識すべきポイント＞
　・英語の語順のまま、カタマリごとに意味を理解すること

音のトレーニング

　トレーニング3　モノマネ音読
　トレーニング4　音取りリスニング
　＜意識すべきポイント＞
　・英単語の音声変化（連結と脱落）
　・英語のリズム（強く発声する単語と弱く発声する単語）
　※トレーニング自体は、音のトレーニングから始めます

［図表 5-1］　英語を英語のまま理解するための 2 要素

「後ろから訳すクセ」は直せる

　このうち、英語脳トレーニングをするうえで特に重要であり、ぜひ**強く意識していただきたいポイントは「英語の語順のまま、カタマリごとに意味を理解すること」**です。読み聞きしたセンテンスを瞬時に理解するためには、英語の語順のまま、各センテンスを文頭から理解する力が欠かせません。

　例を挙げて説明していきましょう。下記のセンテンスをご覧ください。なお、本書では、英語の一文を「**センテンス**」、複数のセンテンス、特に教材に載っているものを「**パッセージ**」と呼びます。

I studied English in the public library which is famous for its large collection.

　日本語に訳すと、「私は幅広いコレクションで有名な公立図書館で英語を勉強した」となります。

　センテンスと日本語訳において、該当する箇所を矢印で結ぶと、このようになります。

I studied English in the public library which is famous for its large collection.

（私は）幅広いコレクションで 有名な 公立図書館で 英語を勉強した。

英語にとって自然な語順と日本語にとって自然な語順が、まったく異なっていることが一目瞭然でわかりますね。

　日本の学校で英語を勉強してきた私たちは、「私は幅広いコレクションで有名な公立図書館で英語を勉強した」のように、センテン

スの意味を後ろから理解することが習慣づいています。

それが学校教育や入試英語で求められてきたことだったので仕方ありませんが、これを**英語の語順のまま理解できるように矯正しない限りは、瞬時にセンテンスの意味を理解することができません。**

ただし、**個々の意味のカタマリに限れば、瞬時に理解することはそこまで難しくありません。**英語と日本語でカタマリの順番が逆になっているので、このカタマリの順番にさえ慣れればよいということになります（**図表5-2**）。

[図表 5-2]　カタマリを手掛かりにすれば文頭から理解できる

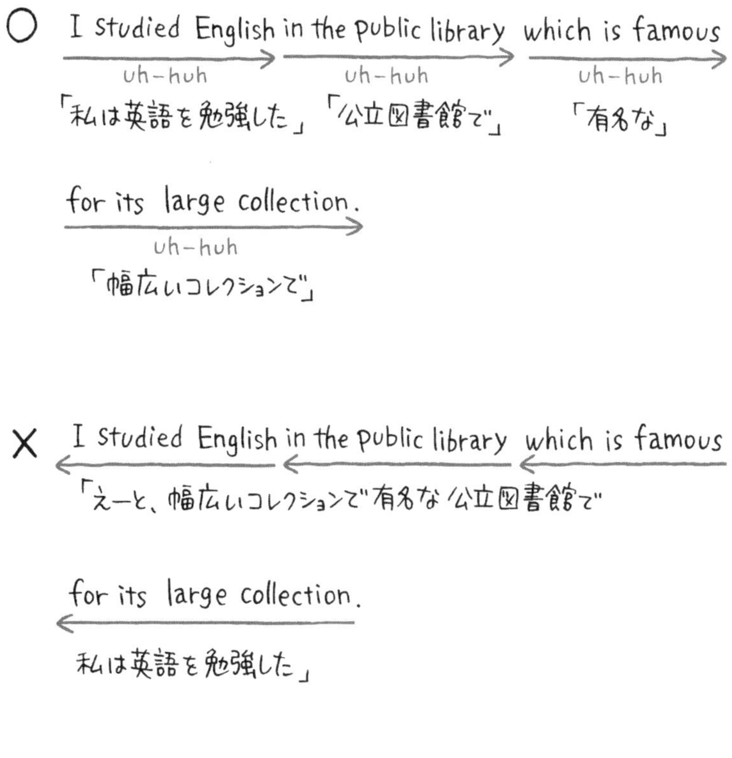

○ I studied English in the public library which is famous
　　　　uh-huh　　　　　　uh-huh　　　　　　uh-huh
　　「私は英語を勉強した」「公立図書館で」　「有名な」

for its large collection.
　　uh-huh
「幅広いコレクションで」

✕ I studied English in the public library which is famous
「えーと、幅広いコレクションで有名な公立図書館で

for its large collection.

私は英語を勉強した」

クセの矯正ですから1日や2日では直りませんが、毎日続けると1カ月ほどでグッと変わります。

仕事などで目にするパッセージを、無意識に意味のカタマリを追

いかけながら読むようになったらしめたもの。外国人の同僚との会話で、相手が話す英語をカタマリごとに"uh-huh"とあいづちを打てていたら、英語脳が作られてきた証です。

1カ月後の変化を楽しみにして、クセを矯正するトレーニングを毎日続けましょう。

「モノマネ音読」でリスニング力が劇的に上がる

続いて、音のトレーニングで意識していただきたいポイントを解説します。

リーディングには音は関係ありませんが、リスニングで英語をスラスラ理解するためには、単語ごとにきちんと聞き取る必要があります。しかし、**英語のネイティブスピーカーは、すべての単語をハッキリと発音してくれません。**

ネイティブスピーカーが英語を話す時、(1) 単語の音声が変化したり、(2) 単語ごとに強弱（リズム）がついたりします。この2つのポイントに慣れていないと、単語ごとにきちんと聞き取ることができないのです。

この2つのポイントを身につけるために、音のトレーニングをします。具体的には、教材の音声をモノマネしながらパッセージを音読します。ポイントごとに詳しく見ていきましょう。

音のポイント1　音声変化 ── 連結と脱落

1つめのポイントは**単語の音声変化**です。ネイティブスピーカーが英語を話す時、つまり複数の英単語を連ねて話す時、実は2種類の音声変化が起こっています。

音声変化1　連結（linking）
前の単語の語尾の子音と、次の単語の語頭の母音や子音がつなが

って発音されること。

　例）a glass_of water
　glassとofで連結がおき、「グラソブ」に聞こえる

　that's_a lot_of time
　2カ所で連結が起きている
「ザッツァ ロトブ」のように聞こえる

音声変化2　脱落（deletion）

　子音がつながった時、特に[t]や[d]の音が2つの子音にはさまれた時、音の脱落が起こります。下の例では下線が引いてある子音が発音されません（脱落します）。この現象は、2単語以上の時だけではなく、単語内でも起こります。

　例）単語内
　exactly　　　　tの音が脱落し、「イグザクリー」に聞こえる
　kindness　　　dの音が脱落し、「カインネス」に聞こえる

　2単語以上
　don't know　　tの音が脱落し、「ドンノウ」に聞こえる
　first try　　　　tの音が脱落し、「ファーストライ」に聞こえる

「リスニングの問題が全然聞き取れなかったのでスクリプトを確認すると、とても簡単なセンテンスだった。こんな簡単なものも聞き取れないなんて……」と落ち込んだ経験はありませんか？　これが起こるのは、英語の音声変化が大きな原因です。
　連結、脱落を意識して、例にあげたものをぜひ今この場で発音してみてください。これを意識すると、格段に英語っぽく聞こえることに気づくと思います。

実は私たちも日本語を話す時に無意識に音声変化を起こしています。たとえば「しないといけなかったんです」という日本語は、誰でも普通に言うでしょう。ですが本来は「しないといけなかったのです」が正しい。これと同じことが英語にもあるというわけです。

　連結と脱落はパターンが決まっていますので、慣れてしまえばそれほど難しくありません。音声を真似しながら次のようなセンテンスを音読しているうち、初めて聞くほかのパッセージで連結、脱落があっても聞き取れるようになります。

英文：Wha(t) we're lookin(g) for is_a commercial property in_a
　　　goo(d) location.
音声：ワッウィーアー ルッキンフォア イザ コマーシャルプロパティ
　　　ィ イナ　グッロケイション
（『英語 徹底耳練！』p.26）
カッコは脱落して、下線は連結して発音されている

　なお、ほかにもいくつか変化のパターンはありますが、おもな音声変化はこの2つです。「聞こえたものをそのまま真似する」という意識でモノマネ音読のトレーニングをしていれば、自然とマスターすることができます。

音のポイント2　英語のリズム ── 発音の強弱

　英語の音を聞き取るために欠かせない2つめのポイントは、**英語のリズム**です。リスニング教材を聞いたときに、あるはずの単語が聞こえなかった経験をお持ちの人は多いと思います。英語には、単語によって非常に小さい音で発声されるものがあるため、このようなことが起こるのです。

　日本語ではすべての文字をしっかり発声しますが、**英語では強く発声する単語と、弱く発声する単語があります。**

一般的には次のようなルールで発声します。ネイティブスピーカーであれば、ほぼこのルールにのっとっていると思って間違いありません。

強く発声する単語——**内容語**（名詞、形容詞、一般動詞、副詞）
弱く発声する単語——**機能語**（be動詞、疑問詞、関係詞、前置詞、
　　　　　　　　　　　　　代名詞など、内容語以外）

　内容語とは文字どおり、単語自体に意味（内容）を持つ単語です。bag（カバン＝名詞）、beautiful（美しい＝形容詞）、run（走る＝一般動詞）など、それぞれの単語に意味がありますね。それが内容語で、一般的に強く発声されます。
　例文で確認しておきましょう。大文字になっているところを少し強く、高めの声で発音してください。

　It is FINE NOW.　（今、晴れています）
　　　形容詞　副詞

　I'll SEE you in FRONT of the THEAter at SIx.
　　一般動詞　　　　名詞　　　　　名詞　　　名詞

（6時に映画館の前で会おう）

　Who KNOWS the EAsiest WAY to GET there?
　　　一般動　　　　形容詞　名詞　一般動詞

（そこへの行き方を知っているのは誰？）

　音の強弱（高低）に合わせて、手を上下に動かしながら読むと、より明確に英語のリズムを感じられると思います。
　逆に、**内容語以外の機能語は、ほとんど聞き取れないほどに弱く発声されます。** これが私たちを困らせるのです。
　たとえば、3例文めの冒頭のWhoが聞き取れないと、相手の聞き

たいことがそもそもわかりません。ですが、残念ながら非常に小さい音で発声されます。

　TOEICでリスニングのスコアが伸び悩んでいる人は、強く発声される内容語だけを拾い聞きして、意味をなんとなく理解している可能性が高いです。

　たとえば、次の例文を聞いた場合は、拾い聞きによってこんな風に理解している人も多いのではないでしょうか。

Do you WANT me to CALL him BACK?
→「あなたは」「コールバック」「ほしい？」

　冒頭のDo youはかろうじて聞こえるかもしれません。しかし、拾い聞きでは、誰が誰にコールバックをしたいのかが曖昧になってしまいます。

　この拾い聞きをしている限り、英語脳は作られません。正しくセンテンスを理解することができないからです。弱い音であっても、ちゃんと聞き取れないといけません。

　英語のリズムといっても、ただの強弱です。**強い単語と弱い単語があることを知り、音声どおりに真似しながら音読することで英語のリズムに慣れていけば、弱い単語も今よりずっと聞き取れるようになります。**聞き取れる単語の数が増えれば、それだけ理解しやすくなるのは言うまでもありません。

　本書を読んでいる今は、「細かいな」と感じるかもしれません。しかし、**リスニングがうまくできないのだとしたら、この「音声変化」「英語のリズム」がネックになっていることが非常に多いのです。**しっかり身につけて、「聞き取れない」を解消しましょう。

英語脳を鍛えると、英語の「受け皿」ができる

　英語脳は「音（英語を聞き取る力）」と「意味（英文を素早く理解する力）」の2本柱で構成されています。なぜこの2つを鍛えると「英語を英語のまま理解できる脳みそ」を作ることになるのでしょうか。

　それは、音と意味の2つを鍛えることで、体の中に英語の受け皿を作ることができるからです。イメージは**図表5-3**です。

[図表5-3]　受け皿がないと英語は素通りされる

　リスニングする時、意味を理解するよりも先に、音を聞き取ります。この時、音声変化や英語のリズムが重要であることは先にお伝えしました。

　しかし、あらかじめ流れてくる単語そのものを知らなければ、センテンスは体を素通りして流れてしまいます。まず聞こえてくる単語を知っていて、次に正確に音を聞き取り、最後に単語の意味がわかってはじめて、英語を受け止める体勢、つまり受け皿ができ上が

るのです。

　たとえば、He let me follow him to investigate the issue.というセンテンスが聞こえてきたとします。この時、そもそもletという単語を知らなければ、let meで起こる音声変化（tが脱落してレッミーと聞こえる）に気づけません。理解できずにただ流れていきます。

　このセンテンスを理解するためには、まずletという単語を知っていて、let meの音声変化に気づき（音）、そして「letは『OにCさせる』」「letは第5文型を導く」という重要な基本文法の知識を合わせることで可能になります。

　たとえるなら、道端を歩いている時、知らない人が向こうから歩いてきても、そのまま通り過ぎるのと同じです。知らない人ですから当然、体の中に受け皿（記憶）はありません。逆によく知っている人であれば、「山田さんだ！」と認識できて、「山田さん、こんにちは」と反応することができます。

　身についているものは、受け止められます。しかし、身についていないものは、ただ流れるだけです。英語脳トレーニングは、少しでも多くの受け皿を作る（身についているものを増やす）ためにすると言い換えられます。

　英語脳トレーニングでは、TOEIC用の教材を使うことで、TOEICに頻出の単語や文法が受け皿として体に作られていきます。その受け皿が増えれば増えるほど、テストで初めて読み聞きするセンテンスであっても、受け止められるようになるのです。

　体の中に受け皿を作る、さらにそれを短期間で実現するためには、同じ教材を、何度も繰り返し反復する方法が有効です。

「英語のシャワー」は圧倒的に非効率

　一方、とにかく英語を聞きまくる「英語のシャワー」（多聴多読）のほうが、聞き取る力にも、素早く理解する力にも有効なのでは？と思った人もいるかもしれません。英語のシャワーとは、CNNや

英語のラジオ、映画など、意味がわかる／わからないに関係なく、ひたすら英語を聞いて慣れる方法です。英語に慣れ親しむ意味では、確かに有効かもしれません。

ですが大きなマイナス点があります。それは、**英語のシャワーでは、一定レベルの英語脳が身につくまでに年単位の時間がかかってしまうこと**。英語を聞くことだけを繰り返しても、意味を知らない単語は辞書で調べない限りは知らないままで、前述したとおり素通りしてしまいます。

文脈から「こんな感じの意味かな？」と推測することはできますが、それが合っているとは限りません。加えて言うと、「こんな感じの意味かな？」程度の理解では、初見のパッセージでその単語が出てきても、間違いなく認識できません。

文法についても同じで、すでに十分身についているもの以外は、正しく認識できないまま流れていくだけです。

つまり、せっかく聞く時間を取っているのに、耳が慣れること以外に、得るもの、新しく身につくものがほとんどありません。これでは効率が悪いのです。

では、新しいことを身につけるためには、どうすればいいのでしょうか。それは、知らない単語をあらかじめ辞書で調べ、既知の状態にしておけばいいのです。

文法も、あらかじめスクリプトで確認して理解しておけばいいのです。そうすれば、理解できたその英文を反復して聞き続けることで、使われている単語、文法が、徐々にですが身についていきます。

リーディングをとおして、知らない単語や文法を理解し、英文理解度100％にしておく。そして、**リスニングをとおして反復し、定着させる。**こうして体の中の受け皿を増やしていくのです。

この後に英語脳の作り方を順番に説明していきますが、大原則は「100％理解できている英文を反復する」です。これを頭に置きながら次を読み進めてください。

4週間で劇的変化！　英語脳の作り方

　ではここから、英語脳トレーニングの進め方を説明します。
　英語脳は12週にわたってトレーニングします。4週間を1セットにしているため、範囲を変えて12週間で3セット行います（**図表5-4**）。

[図表 5-4]　英語脳を作る4週間のスケジュール

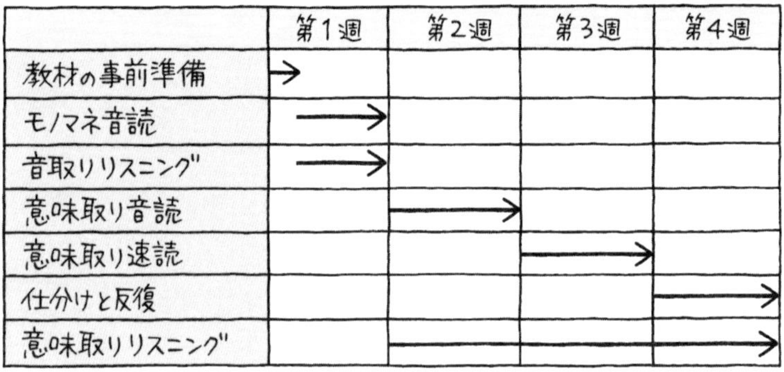

	第1週	第2週	第3週	第4週
教材の事前準備	→			
モノマネ音読	—→			
音取りリスニング	—→			
意味取り音読		—→		
意味取り速読			—→	
仕分けと反復				—→
意味取りリスニング	—————————————→			

準備するもの

・教材

　目標スコア600点

　『公式TOEIC® Listening & Reading問題集1』

　目標スコア750 ／ 900点

　『英語 徹底耳練！』外池滋生著、実務教育出版、2006年

　『公式TOEIC Listening & Reading問題集5』

・ポータブルプレーヤー（スマホなど）とイヤホン

・タイマー（スマホで十分）

・消せるボールペン

・蛍光ペン

最初にやること

・事前準備（いわゆる英文解釈）

（所要時間の目安：1パッセージにつき、『公式問題集』は10分、『英語徹底耳練』は15分）

第1週にやること

・モノマネ音読：1日2回を毎日やる

・音取りリスニング：移動時間に音声を聞いて、各単語を聞き取れるようにする

（所要時間の目安：毎日1時間）

第2週にやること

・意味取り音読：1日2回を毎日やる

・意味取りリスニング：移動時間に音声を聞く。「英語の語順のまま、意味のカタマリごとに聞く」ことを強く意識

（所要時間の目安：毎日1時間）

第3週にやること

・意味取り速読：速読して、タイムを毎日測る

・意味取りリスニング：移動時間に音声を聞く。「英語の語順のまま、意味のカタマリごとに聞く」ことを強く意識

（所要時間の目安：毎日1時間）

第4週以降にやること

・仕分け：速読の時にスピードが落ちてしまうセンテンス、リスニングで意味が取りにくいセンテンスにマーカーを入れる

・反復：チェックを入れた箇所を集中的にリーディングする

・意味取りリスニング：移動時間に音声を聞く。「英語の語順のまま、意味のカタマリごとに聞く」ことを強く意識

（所要時間の目安：毎日1時間）

事前準備さえ終わってしまえば、あとは移動時間などを効率的に使えるトレーニングです。

事前準備 —— すべてのセンテンスを100%理解しておく

　前述したとおり、英語脳トレーニングは4週間を1セットにしています。各セットの中でトレーニングするパッセージ数は、**図表5-5**を参考にしてください。具体的な範囲は後ほど示します。

[図表 5-5] 英語脳で使うパッセージの数

	第1〜4週	第5〜8週	第9〜12週
目標スコア 600点	5 『公式問題集』	8 『公式問題集』	10 『公式問題集』
目標スコア 750点	10 『英語徹底耳練』	10 『英語徹底耳練』	15 『公式問題集』
目標スコア 900点	15 『英語徹底耳練』	15 『英語徹底耳練』	23 『公式問題集』

『公式問題集』:『公式TOEIC® Listening & Reading問題集5』
『英語徹底耳練』:『英語　徹底耳練！』

　最初は「事前準備」です。トレーニング前に必ずしてください。具体的には、**これから何度も反復するセンテンスを一つひとつ丁寧に理解し、意味を取りながらスラスラ読めるようにします。**
　事前準備とは、いわゆる英文解釈です。次の6つの準備すべてをしてください。所要時間の目安は、1パッセージにつき『公式問題集』は10分、『英語徹底耳練』は15分程度で終わります。

英語脳を養成するための事前準備

準備1　知らない単語を辞書で調べて、意味を記入する

準備2　各英文の主語と動詞に、下線をひく

準備3　関係詞、分詞に〇をつけ、先行詞や修飾されている名詞にも印を入れる

準備4　意味のカタマリごとに、スラッシュ（／）を入れる

準備5　内容語（94頁参照）に蛍光ペンで印を入れる

準備6　2語以上でワンセットとなる表現に印を入れる（たとえば、betweenの後には必ずandがある、比較級の後にはthanがある、not onlyの後にはbut alsoがある等）

　事前にここまでしておくと、後のトレーニングがかなりスムーズになります（**図表5-6**）。何度も繰り返しているとおり、理解できている英文を反復することで英語脳は作られます。

　わからない英語、知らない英語は、そもそも聞き取れません。日本語であっても、初めて聞く相手の苗字や会社名を、電話口で何度か聞き直したことはありませんか？　それと同じです。**最初に事前準備をして、これから聞く英文を既知の状態にすることが大切**なのです。

　各英文の意味を正確に理解できるように、準備2（主語と動詞への下線入れ）と準備3（関係詞、分詞などの文法チェック）は特に丁寧にします。「文法が苦手だから不安」と思う人もいるかもしれませんが、基礎力で英語脳と一緒に基本文法が身についていますので、不安に思うことはありません。

『英語　徹底耳練！』p.26

　なお、事前準備にかける時間は、週12時間の中に含めていませ
ん。したがって、各タームの最初の週である1週目、5週目、9週目は、
机に向かって事前準備をするための時間を、休日などにプラスαで
確保してください。1パッセージにつき10〜15分が目安です。

「事前準備」には消せるボールペンが最適

　ここでの事前準備は消せるボールペンを使うのがおすすめです。
なぜなら、事前準備の後に教材の音読や速読、リスニングをやるう
ちに、最初に入れた主語と動詞への下線入れ（準備2）や意味のカ
タマリのスラッシュ（準備4）などが後になって間違っていたこと
に気づくことがあるからです。

　それはまったく悪いことではありません。もちろん準備は正しく
することに越したことはないのですが、その後音読などをしている
うちにセンテンスの理解はどんどん深まります。その結果、事前準
備時点の間違いを見つけられるというのは、むしろポジティブなこ
とです。

　また、英語脳が育ってくると、一度で処理できる（理解できる）
カタマリが大きくなります。たとえばこのような具合です。

郵 便 は が き

料金受取人払郵便

渋谷局承認

6375

差出有効期間
2021年12月
31日まで
※切手を貼らずに
お出しください

150-8790

130

〈受取人〉

東京都渋谷区
神宮前 6-12-17

株式会社 ダイヤモンド社

「**愛読者係**」行

|lili·li·|··li··|·li||i·l··ll|··|··|·|·|··|·|·|·|··|·|·|·|··l··ll|

フリガナ		生年月日					男・女
お名前		T S H	年	年齢 月	歳 日生		
ご勤務先 学校名		所属・役職 学部・学年					
ご住所	〒						
自宅 ・ 勤務先	●電話 （　　　） ●FAX （　　　） ●eメール・アドレス （　　　　　　　　　　　　　　　　　　　）						

◆本書をご購入いただきまして、誠にありがとうございます。

本ハガキで取得させていただきますお客様の個人情報は、
以下のガイドラインに基づいて、厳重に取り扱います。

1. お客様より収集させていただいた個人情報は、より良い出版物、製品、サービスをつくるために編集の参考にさせていただきます。
2. お客様より収集させていただいた個人情報は、厳重に管理いたします。
3. お客様より収集させていただいた個人情報は、お客様の承認を得た範囲を超えて使用いたしません。
4. お客様より収集させていただいた個人情報は、お客様の許可なく当社、当社関連会社以外の第三者に開示することはありません。
5. お客様から収集させていただいた情報を統計化した情報（購読者の平均年齢など）を第三者に開示することがあります。
6. お客様から収集させていただいた個人情報は、当社の新商品・サービス等のご案内に利用させていただきます。
7. メールによる情報、雑誌・書籍・サービスのご案内などは、お客様のご要請があればすみやかに中止いたします。

◆ダイヤモンド社より、弊社および関連会社・広告主からのご案内を送付することが
あります。不要の場合は右の□に×をしてください。　　　　　不要 □

①本書をお買い上げいただいた理由は？
(新聞や雑誌で知って・タイトルにひかれて・著者や内容に興味がある　など)

②本書についての感想、ご意見などをお聞かせください
(よかったところ、悪かったところ・タイトル・著者・カバーデザイン・価格　など)

③本書のなかで一番よかったところ、心に残ったひと言など

④最近読んで、よかった本・雑誌・記事・HPなどを教えてください

⑤「こんな本があったら絶対に買う」というものがありましたら（解決したい悩みや、解消したい問題など）

⑥あなたのご意見・ご感想を、広告などの書籍のPRに使用してもよろしいですか？

| 1　実名で可 | 2　匿名で可 | 3　不可 |

※ ご協力ありがとうございました。　　　【プレゼンス式TOEIC(R)L&Rテスト勉強法】109021●3750

最初はこれぐらい細かくスラッシュを入れます。

What we're looking for / is a commercial property / in a good location.

繰り返しているうちに、このぐらい大きくカタマリをとっても英語のまま理解できるようになります。

What we're looking for is a commercial property / in a good location.

最初は細かく入れていたスラッシュが、徐々に必要なくなってくるのです。その意味でも消せるボールペンを使うのがおすすめです。

英語脳第1週(1) ──「音取りリスニング」で音を確実に聞き取る

最初の1週間は音に意識をおいたトレーニングです。移動時間を使った「音取りリスニング」と「モノマネ音読」をします。音声を確実に聞き取れるようにすることが目的です。

She couldn't understand what the lecturer said in the conference which was held last week.
（彼女は、先週開かれた会議で講演者が言っていたことが理解できなかった）

この英文をリスニングした時に、このような虫食い状態で聞こえたとします。

She couldn't understand　　　　　　　　lecturer said
　　conference　　　　　　　held last week.

これでも意図はなんとなく理解できるかもしれません。しかし、

今の目的は英語脳を作ること。何となく意図を理解することではないですね。

重要な文法である関係詞のwhatやwhichが聞き取れていないので、このまま聞き続けてもwhat、whichの使い方が身につきません。さらに、関係詞が聞き取れていない状態では、第2週の意味取りリスニング（文法に従って英文の意味を正しく理解しながら聞く）もできません。したがって、効果的な英語脳トレーニングにはなりません。

1週目の音取りリスニングのうちに、**音を聞き取ることに全意識を集中させ、「今、何て言った？」という箇所があったら教材で都度確認する**ようにしましょう。移動中でもすぐに確認できるように、教材はぜひ持ち歩くようにしてください。

英語脳第1週⑵ ── 「モノマネ音読」でリズムをマスター

もう1つのトレーニングが「**モノマネ音読**」です。移動時間ではなく、机に向かえる時間を使います。1日2回を1週間、毎日続けてください。　文字どおり、音声のモノマネをしながら音読します。**リスニングで聞き取りにくかった箇所は特に念入りに反復して**ください。事前準備の時に内容語に入れた蛍光ペンの印を頼りに、内容語は強く、機能語は弱く。わかりにくければ、音声をよく聞いて同じような強弱で声を出してみましょう。英語らしいリズムで話せることを実感できます。

同様に、単語の連結と脱落（Let it be.を「レリビー」と言うようなイメージ。88頁）も真似してみてください。モノマネする時に連結と脱落があることに気づいた箇所は、教材に書き入れておきましょう。なお、目標スコア750点・900点の人が使う『英語徹底耳練』には、連結している箇所がすでに載っていますので、次のように脱落している箇所を（　）などでくくっておくのがおすすめです（**図表5-7**）。

『英語　徹底耳練！』p.26

　音読は自分がやりやすいスピードでOK。音読ですから声に出して読むスピードは自分でコントロールできます。速さよりも、しっかりモノマネすることを重視してください。

英語脳第２週 ──「意味取り音読」で英語の語順のまま理解する

　続いて2週目の音読は、意味を取ることに意識を置きます。英語の語順のまま「意味のカタマリ」ごとに文法をおさえ、意味を正しく理解しながら音読してください。事前準備で主語、動詞、関係詞や分詞にチェックを入れ、センテンスをスラッシュで区切ったのは、このためです。

　ただ文字を追いながらセンテンスを口に出すのではなく、映画俳優が台詞を理解しながら（台詞の内容を味わいながら）声に出すイメージでトレーニングします。意味を理解しながら音読することによって、文頭から英語のまま意味を理解するクセがついていきます。

　ここでの注意点は、**返し読み（二度読み）をしない**こと。そのためにも、**文法をおさえて意味を正確に理解できるスピードで音読するのが大切**です（**図表5-8**）。

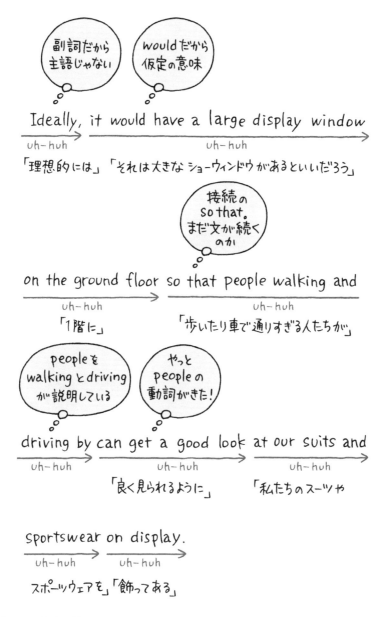

『英語 徹底耳練！』p.26

このように文法をおさえながら、意味を正しく理解していくのです。繰り返しますが、自分が理解できるスピードで音読すればOK。最初はゆっくりでも、日を重ねるごとに少しずつスピードが上がっていきます。これを1週間続けると、センテンスの意味をスラスラ理解できるようになるのはもちろんですが、センテンスに使われている単語や文法も、しっかり身につきます。英語脳のトレーニングで単語や文法力までアップするのです。

英語脳第2〜4週——「意味取りリスニング」でリスニング力アップ

　1週目のリスニングでは単語を聞き取ることに意識を集中させましたが、2週目からは英文の意味を正しく理解することに意識を集中させます。この**意味取りリスニング**は2週目から4週目まで毎日続けてください。

　意味取りリスニングは同じ2週目にする意味取り音読と同じように、**英語の語順のまま、「意味のカタマリ」ごとに、文法をおさえて意味を正しく理解しながら**聞きます。

　音読との大きな違いはスピードです。音読は自分が意味を理解できるスピードでしますが、リスニングは音声のスピードに合わせて理解しなければいけません。最初のうちはかなり難しく感じると思いますので、**音声のスピードを0.8倍速に減速してもOK**です。

　大切なのは、ただ聞くのではなく、あくまでも意味を理解しながら聞くことです。そうすることで、英語の語順で意味を取る力が身につきます。**TOEICの本番で初めて聞く英文でも、英語の語順で意味を理解することが自然とできるようになる**のです。

　いわばフォーム固めのようなものです。英語の語順のままで、文法をおさえながら聞くという型（フォーム）を身につけるトレーニングです。どんな場面でも正しいフォームで打ち返せるように、日々の素振りをやりましょう。

　なお、2週目は減速しても構いませんが、3週目以降は通常のス

ピードに戻してリスニングしてください。

リスニングトレーニングに役立つ2つのグッズ

グッズ1　アプリ──音声の減速が自由自在

　リスニングのトレーニングでは音声の減速ができると非常に便利です。スマートフォンのアプリを使えば簡単にできます。さまざまなアプリが出ている中で、おすすめは次の2つです。安価であること、それほど音質に影響なく減速再生できることが理由です。

・『語学プレーヤー』（無料）
・『SpeaterLite』（一部有料）

グッズ2　イヤホン──場所を問わずトレーニングできる

　リスニングのトレーニングでは、イヤホンは耳栓型（インナーイヤーイヤホン、カナル型イヤホン）のものを別途購入するのがおすすめです。移動中など、騒音のある場所でリスニングをする時でも集中して聞けます。カフェなど自宅以外の場所でトレーニングする時には、耳栓代わりにもなる優れものです。

　首にかけるタイプのものを使うとさらに便利です。安いものなら1000円程度。これ1つで効率が劇的に変わるため、コストパフォーマンスは最高です。

英語脳第3週 ──「意味取り速読」で1分間200語を目指す

　2週目の音読は、自分が意味を取れるスピードでしました。2週目の段階ではゆっくりでも気にする必要はありません。とにかくカタマリごとに意味を理解しながら音読。それを1週間続けると、英文の理解がかなり深くなります。

　次の3週目は速読です（声を出さずに黙読します）。プレゼンスで

は1分間200語のスピードで読めるようになるまで速読を続けます。

　読者の皆さんは、速読のタイムを毎日測り、記録し、前日のタイムより遅くならないようにすることを心がけながら、同じパッセージの速読を1日2回ずつ、1週間続けてください。

　記録するのは2回のうち早いほうのタイムです。「昨日の自分に負けない！」を合言葉に、毎日気合いを入れて臨みましょう。

　速読とはいえ、意味のカタマリをおさえて、意味を理解しながら読むことが大切です。意味を理解せずに、ただ左から右に眼をスピーディに動かすだけでは、眼球のトレーニングで終わります。

　どんなに読み慣れたスクリプトであっても、初めて読むつもりで臨みましょう。これができるかどうかが勝負の分かれ目です。

　英語脳トレーニングにおける速読は、絶大な効果があります。読むスピードが上がっているということは、その英文で使われている単語や構文が身についてきたということです。もちろん「英語の語順で英文を理解する」力もついています。すると、リスニングした時の理解の深さも大きく変わります。

　昨日の自分に負けないよう、惰性でダラダラ読まないよう、タイマーを片手に集中して読みましょう。

　ちなみにコーチの一人は、電車の中やプレゼンス近くのスタバなどで、タイマーを片手に速読をしている人を5回ほど見かけたことがあります。読んでいたのは見慣れた教材だったので、間違いなくプレゼンスの受講生です。一心不乱に速読するその姿を見て、とても嬉しく思ったものです。

英語脳第4週 ──「仕分け」と「反復」で弱点を克服する

　最後の4週目は仕分けと反復です。単語暗記と同じく、できていないことにチェックを入れ、それだけを反復して身につけます。

　英語脳トレーニングにおけるできていないことの仕分け基準は、この2点です。

英語脳仕分けの基準

基準1　速読の時に、読むスピードが遅くなってしまうセンテ
　　　　ンス

基準2　リスニングで意味を理解しにくいセンテンス（単語が
　　　　聞き取れないと意味は正しく理解できませんので、聞
　　　　き取れない単語を含むセンテンスもチェックを入れる
　　　　対象です）

　この2点にあてはまるセンテンスにマーカーを入れます。そして
**スクリプトを毎日持ち歩き、空いた時間を使ってチェックが入った
センテンスを何度も意味取り黙読しましょう。**ゆっくりで構いませ
ん。意味を理解しながら読むことが大切です。

　理解しにくいセンテンスには、難易度の高い単語や自分の弱点に
なっている文法が使われている可能性が高いです。したがって**何度
も繰り返し黙読することで、単語を覚え、弱点となっている文法が
使われたセンテンスでも英語の語順のまま理解できるようにトレー
ニング**します（図表5-9）。

[図表5-9]　「仕分け」と「反復」で弱点がみるみる克服できる！

『英語　徹底耳練！』p.26
意味を理解しにくいセンテンスにマーカーを入れる。特に盲点になって

いる文法や単語などはさらにマーカーを入れておくと（こちらの例ではso that）、反復すべきセンテンスがひと目でわかる

　反復を続けていると、そこで使われている単語が身につくのはもちろん、弱点になっている文法も克服できます。すると、読むスピードも徐々に速くなり、リスニングでもスラスラと意味を理解できるようになります。

　すべてのセンテンスがその状態になれば、トレーニングは完成です。次の範囲に進んでまた4週間のトレーニングを始めましょう。

英語脳トレーニングの進行スケジュール

　最後に、目標スコアごとの進行スケジュールです。

[図表5-10]　目標スコア600点の英語脳スケジュールまとめ

	第1週	第2週	第3週	第4週	第5週	第6週	第7週	第8週	第9週	第10週	第11週	第12週
教材の事前準備	→				→				→			
モノマネ音読	→				→				→			
音取りリスニング	→				→				→			
意味取り音読		→				→				→		
意味取り速読			→				→				→	
仕分けと反復				→				→				→
意味取りリスニング				→				→				→
やる範囲	『公式問題集』Part 3 Q.32～46（5パッセージ）				『公式問題集』Part 3 Q.47～70（8パッセージ）				『公式問題集』Part 3 Q.71～100（10パッセージ）			

『公式問題集』：『公式TOEIC® Listening & Reading問題集5』

[図表 5-11]　目標スコア 750 点の英語脳スケジュールまとめ

	第1週	第2週	第3週	第4週	第5週	第6週	第7週	第8週	第9週	第10週	第11週	第12週
教材の事前準備	→				→				→			
モノマネ音読	→				→				→			
音取りリスニング	→				→				→			
意味取り音読		→				→				→		
意味取り速読			→				→				→	
仕掛けと反復				→				→				→
意味取りリスニング				→				→				→
やる範囲	『英語徹底耳練』1、3、5、7、9、11、13、15、17、19（10パッセージ）				『英語徹底耳練』21、23、25、27、29、31、33、35、37、39（10パッセージ）				『公式問題集』Part 3 Q.47～70（8パッセージ）Part 4 Q.71～100（10パッセージ）			

『英語徹底耳練』:『英語 徹底耳練！』
『公式問題集』:『公式TOEIC® Listening & Reading問題集5』

　英語脳トレーニングは4週間で1セットです。したがって4週間ごとに進める範囲を提示しています。図表を見て、週が進むごとにだんだん量が増えていることに気づきましたか？　これはトレーニングを重ねるうちに実力がついていくため、4週間で進められる量も増やせるからです。

　特に900点コースの9～12週では、46パッセージが対象です。驚くかもしれませんが、それまでに2カ月間のトレーニングを積んでいるので、この量でも十分にまかなえる実力がついています。

　とはいえ46パッセージを毎日2回音読するのは大変な時間がかかります。そのため、**9週目、10週目は音読を省き、それぞれ音取りリスニング、意味取りリスニングのみにしてもOK**。音読は、リス

[図表 5-12]　目標スコア 900 点の英語脳スケジュールまとめ

	第1週	第2週	第3週	第4週	第5週	第6週	第7週	第8週	第9週	第10週	第11週	第12週
教材の事前準備	→				→				→			
モノマネ音読	→				→				→			
音取りリスニング	→				→				→			
意味取り音読		→				→				→		
意味取り速読			→				→				→	
仕分けと反復				→				→				→
意味取りリスニング				→				→				→
やる範囲	『英語徹底耳練』 11〜25 （15パッセージ）				『英語徹底耳練』 26〜40 （15パッセージ）				『公式問題集』 （テスト×2回分） Part 3 Q.47〜70 （13パッセージ ×2回分） Part 4 Q.71〜100 （10パッセージ ×2回分）			

『英語徹底耳練』：『英語 徹底耳練！』
『公式問題集』：『公式TOEIC® Listening & Reading問題集5』

ニングや速読の時に聞き取りにくい箇所や二度読みしてしまう箇所のみ、やるようにしてください。

英語脳でつまずく理由ベスト3

　英語脳でつまずく人に共通するポイントは、次のとおりです。

プレゼンス受講生がつまずく理由ベスト3　英語脳編

1位：センテンスを覚えて聞き流してしまう

2位：聞こえたつもりになっている

3位：毎日やらない

「やっているのにスコアが伸びない」という人の98％はこの3つのどれかにあてはまります。1位から順番に詳しく説明します。

つまずく理由1位　センテンスを覚えて聞き流してしまう

　必ずと言っていいほど、よく聞かれるお悩みです。英語脳は「100％理解できている英文を反復する」ことで効率的に作られます。反復しているうちにセンテンスを覚えてしまうというのは、誰にでも自然に起こることです。

　ここでのポイントは、**初めて聞くつもりでリスニングする**こと。内容を覚えてしまっているとしても、それでも初めてのつもりで、カタマリごとに意味を理解しながら聞けるかどうかが勝負の分かれ目になります。

　初めて聞くつもりでリスニングをすると、英語のままスムーズに理解できているセンテンスと、何となくしか理解できていない（意味が入ってこずに、英語が素通りしてしまっている感覚になる）センテンスがあることに気づくはずです。

　もしそれに気づけなければ、意味を理解しようとせずに、流し聞きしている証拠です。しつこいですが「初めて聞くつもりで、意味を理解しながら」リスニングすることを心がけてください。もちろん、意味取り音読や意味取り速読でも同じです。「初めて読むつもりで、意味を理解しながら」読むことを心がけてください。

つまずく理由2位　聞こえたつもりになっている

　たとえば複数形のsや、過去形などで使われるed、前置詞、冠詞

のaやtheなど、ここまで細かい音も聞き取れる必要があるのでしょうか。

結論からお伝えするとYesです。特にedは、これが過去分詞として使われた場合には文法にも関わります。もちろん、意味を正しく理解するためにも聞き取れないといけません。前置詞や関係詞なども同じ。非常に小さい音で発声されますが、これらが聞き分けられないと文法を読み解くことができず、意味を正しく理解することもできなくなります（**図表5-13**）。

その点から言うと、冠詞のaとtheについてだけは、文法や意味の理解には大きな影響がありませんので、聞き取れなくてもOKです。それ以外は、**文法をおさえて意味を正しく理解するためにも、細かい音も聞き取れるようになるまで反復してください。**

英語脳を身につけるには、意味が取れている状態で反復することが不可欠です。そのためにも、リスニングで細かい音も聞き分けられるように、モノマネ音読でしっかり身につけておきましょう。

「細かいなー」と思わず顔をしかめてしまったかもしれません。確かに、申し訳ないほどに細かいです。ですが**今よりも高いレベルにいくには、今まで見過ごしてきた細部こそ大切。**逆に言うと、こういった**細かいことを克服していくことで、短期間で一気に力が伸びます。**仕事、スポーツ、音楽などと同じく、英語でも最後に差がつくのは細部なのです。

[図表 5-13] 「ed」が聞き取れるから文の構造がわかる

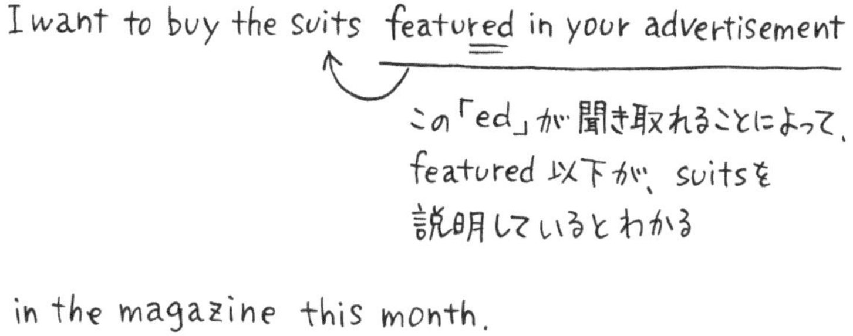

I want to buy the suits featured in your advertisement

この「ed」が聞き取れることによって、featured 以下が、suitsを説明しているとわかる

in the magazine this month.

つまずく理由3位　毎日やらない

　最後になりましたが、実はいちばん重要なポイントが、英語脳トレーニングを毎日やることです。

　英語の語順で意味を理解するというのは、慣れるまでにどうしても時間が必要です。日本で英語教育を受けてきた人の多くは、後ろから前に訳すクセが強くついてしまっています。これを矯正しない限り、英語のまま理解するというのは不可能です。

　歯の矯正を想像してください。経験のある人ならわかると思いますが、どんな人でも一定期間、24時間矯正器具を歯に着けています。もともとあったものを矯正するというのは、やはり継続期間が必要なのです。

　後ろから前に訳すクセは、「英語の語順のまま意味を理解する」ことを一定期間意識的に続けていれば、必ず矯正できます。

　目安では、毎日1時間を3カ月間です。移動時間を使えば、決して難しい量ではありません。これだけで、英語を英語のまま理解できる力が手に入るのです。

　英語脳は、リスニングセクションはもちろん、パート7の長文読解においても重要な要素です。**短期間でのスコアアップを目指すなら、英語脳はとにかく毎日やること**。どんなに忙しい日でも、体調を崩した日でも、短い時間であっても、毎日続ける。それを心がけるようにしてください。

英語脳　やることリスト

□日本語と英語の語順の違いを把握する

□単語の音声変化を把握する

□日本語と英語のリズムの違いを把握する

□事前準備で、教材をスラスラ読めるようにする

□音読の時は、我流ではなく、音声を真似して英語っぽく読む

□初めてのつもりで、意味を理解しながらリーディング（音読・速読）／リスニングする

□スクリプトを持ち歩き、リスニングで聞き取りにくい箇所、
　理解しにくい英文を確認する
□リーディングもリスニングも毎日する

英語脳　やらないことリスト
□たくさんの教材を聞くこと（気分転換など楽しみのためなら
　OK）

第Ⅲ部

得点力の養成方法

第6章　基礎力をスコアに直結させる 「得点力」の鍛え方

「得点力」を上げて「いつも時間切れ」を解消する

　第2部では、TOEIC攻略の土台となる基礎力のつけ方を説明しました。続いて第3部では得点力について説明します。**「得点力」とは、第2部で身につけた基礎力を得点につなげる力のこと。**

　たとえばゴルフでは、練習場でまっすぐにボールを飛ばせることが基礎力。その基礎力を、コースの地形に応じて、どうクラブを選び、どう振り方を変えるか、と応用させるのが得点力です。**基礎力があることを前提に、パートごとの解答テクニックを身につけることで得点に結びつける力**のことを得点力と呼んでいます。

　TOEICの勉強をしている人がおそらくもっともよく抱える「リーディングセクションはいつも時間切れ。最後の問題までたどりつかない」というお悩みは、この得点力をつけることで解消できます（もちろん基礎力があることが前提ですが）。

　もう少し具体的に説明しましょう。

　問題集でパート7（長文読解）の演習をやったとします。その後に答え合わせをして、間違えた問題を見直します。その時、このように感じたことはありませんか？

「選択肢を⒟まで読んでいれば正解できたのに！」
「途中で時間がなくなって最後の20問は適当にマークしたけど、後で見たら簡単な問題だった。解かないのはもったいなかった！」

　これらは、実力が足りなかったから正解できなかったのではあり

ません。本文、設問、そして選択肢を最後まできちんと読めば正解を選べたにもかかわらず、それをしなかった、あるいはその時間がなかった。だから間違えたのです。

「選択肢(B)が正解だ」と何となく思って、残りの選択肢(C)と(D)に目を通さなかった。そうしたら正解が(D)だった。よく聞く誤答の理由です。

1つの問題に時間をかけすぎて、気づいたら終了時間が目前で、最後の20問は全部(B)をマークした。こちらも、非常によく聞く誤答の理由です。

これらは、ちょっとしたことに気をつければ、すぐに解消できます。なぜなら実力の問題ではないからです。時間が足りないのも、「1つの問題で2分以上考えない」、「時間がかかりそうな問題は、そもそも最初から解こうとしない」などの心がけがあれば、今すぐに解消できます。

超難問は放っておいて、解ける問題を確実に正解する。こういった姿勢が得点力なのです。

繰り返しますが、目標スコアに見合った基礎力がついていることが必須。つまり得点力を発揮するには、時間オーバーにならないための英語脳（英語を英語のまま理解できる力）を、基礎力として作ってあることが前提です。

パート7に限らず、TOEICでスコアアップを達成するためには得点力が不可欠です。せっかく身につけた基礎力を最大限に発揮して、スコアアップを実現しましょう。

教材は『公式問題集』を再利用

TOEICは全部で7つのパートから成り立ちます。リスニングセクションがパート1から4までで45分間、続くリーディングセクションがパート5から7までで75分間です（**図表6-1**）。

リスニングセクション （495点満点）				リーディングセクション （495点満点）		
パート1	パート2	パート3	パート4	パート5	パート6	パート7
6問	25問	39問	30問	30問	16問	54問
45分間				75分間		

　第3部では、パートごとに解法の説明や得点力をつけるためのトレーニングを説明していきます。

　第1部で示した目標別のスケジュールでは、得点力養成に入る直前に『公式TOEIC® Listening & Reading問題集5』（Educational Testing Service著、国際ビジネスコミュニケーション協会、2019年）を解くことになっています。そのときに解いた問題が得点力のトレーニングで使うベストな教材です。問題の傾向や難易度などが本番のテストと同じだからです。この後からの説明に沿って、実施済みの公式問題集を使って各パートの対策を立てていってください。

第7章　3カ月で満点も狙えるリスニングセクション攻略法

目標スコアごとに目標正解数を決めておく

TOEICのリスニングは、決して難しくありません。**基礎となる英語脳をしっかり身につけておけば、満点も狙えます**。実際、スクールの900点コース受講生の中にも、帰国子女や留学経験者ではなくても満点を獲得する人はたくさんいます。

大切なのは、苦手という先入観を捨てること。英語脳を作り、得点力をつければ、わずか3カ月でもリスニングセクションだけで100点以上のスコアアップが可能です。

目標スコア別の正解数の目安は**図表7-1**のとおりです。

問題数は合計100問で、495点満点。試験時間は45分間と決まっています（46分間になることもあります。その場合は事前に案内があります）。

目標スコア別の正解数は、あくまでも目安として捉えてください。なぜならTOEICのスコアは正答1問につき5点といった配点ではなく、テスト後に受験者全員の回答データを統計的に分析して、その結果をもとに正答数を換算し、スコアが算出されるからです。

つまりそのテストを受けた受験生のレベルや問題の難易度によって、正答数に対応したスコアが異なります。リスニングセクション100問中で90問に正答したという事実は同じでも、問題が難しい時なら470点になるかもしれませんし、問題が易しい時なら460点を下回るかもしれません。

問題数	目標スコア別 正解数の目安		
	600点	750点	900点
パート1 （写真描写問題）　6 問	4 問	5 問	6 問
パート2 （応答問題）　25 問	18 問	20 問	23 問
パート3 （会話問題）　39 問	28 問	31 問	36 問
パート4 （説明文問題）　30 問	20 問	23 問	28 問
合 計　100 問	70 問	79 問	93 問

目標スコア600点

　正答数の目安は70問で、300点超を確実に取ること。

　比較的リスニングが得意なら、75問を目安に350点程度を目指しましょう。

目標スコア750点

　正答数の目安は79問程度。

　リスニングが得意なら80問以上を目標に、400点突破を目指しましょう。

目標スコア900点

　900点を取るためには、リスニングセクション全体で470点が目安。リスニングに苦手意識を持っている人であっても、450点は死守しましょう。正答数の目安は90問強。

　前述したとおり、正答1問につき○点という単純計算ではないた

め、全問に正解しなくても満点を獲得できることが多いと言えます。したがって、リスニングが得意なら495点満点も十分狙えます。

国ごとの発音の違いはスコアにほとんど影響しない

　現在のTOEICでは、4カ国の音声でリスニングテストがおこなわれています。日本で市販されている一般的な英語教材のほとんどはアメリカ出身者がナレーションを務めており、私たちが学校で受けてきた英語教育もアメリカ英語がメインでした。

　そのため、それ以外の3カ国の音声には耳が慣れていないので、最初は不安になるかもしれません。

　ですが過剰に心配する必要はありません。**英語脳を含めた基礎力の養成をしっかりやっておけば、公式問題集を使って耳を慣らしておけば十分**です。もし「発音に慣れなくてスコアが伸びない」と思っているとしたら、それはおそらく基礎力の不足が原因です。**発音の違いというのは、それ自体ではスコアにさほど影響するものではありません。**

パート1　写真描写問題対策 —— 満点を目指して波に乗る

パート1正解数の目安（6問中）
目標スコア600点：4問
目標スコア750点：5問
目標スコア900点：6問

出題形式
　TOEICの導入パート。ここで波に乗れるか、焦ってしまうかで、テスト全体に大きな影響を及ぼすことになります。どのレベルの人も満点を目指して対策を立てましょう。

<＜例題＞>

(A)   Heavy snow is falling on the trees.
(B)   The man is digging a big hole.
(C)   The man is putting on a warm jacket.
(D)   He's using a snow blower to clean the driveway.*

(A)   たくさんの雪が木の上に降っている
(B)   男性が大きな穴を掘っている
(C)   男性が暖かい上着を羽織っている
(D)   彼は除雪機を使って私道の除雪をしている *

正答は *

テスト用紙に写真が掲載されていて、流れてくる4つの英文の中から、もっとも適切に写真を描写しているものを選ぶ形式です。

パート1解答のための3つの基本戦略

基本戦略1　写真は全体を見る

人が写っている写真でも、人の動きだけが問われるとは限りません。背景が正解になることもあるので、写真全体を見ましょう。ただし、細かい描写（看板の文字や数字など）は問われません。

基本戦略2　動作表現と状態表現の区別をつける

こちらの2文の区別をつけられるでしょうか。

The boxes are being piled.

The boxes are piled.

　上の文では、「箱が、今まさに積み上げられている」という動作が行われています。なぜなら、進行形が使われているからです。一方、下の文は「箱が積まれている」という状態を示しています。

　つまり、写真の中の人物（あるいは機械）が箱を積んでいる動作をしていたら、上の文が正解です。一方、箱がただ積まれているだけの状態なら、下の文が正解です（**図表7-2**）。

[図表7-2]　パート1で頻出！ 「動作表現」と「状態表現」の区別

The boxes are being piled.

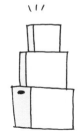

The boxes are piled.

　実は**パート1**では、こういった動作と状態をしっかり区別させる問題が頻出しますので、細部までしっかり聞き取りましょう。

基本戦略3　選択肢を聞いた瞬間に「〇」「×」「キープ」

　選択肢となる4つのセンテンスすべてを聞き終わってから正解を判断するのではなく、**選択肢を聞いた瞬間に、都度「〇」か「×」**

かを判断することが大切です。

　もし聞き取れなかった場合、あるいはわからない単語が含まれて「○」か「×」かの確信が持てない場合には、「キープ」（保留）としましょう。

　ほかの3つの選択肢を「×」だと判断できたら、「キープ」を正解として選びます。もちろん、「キープ」した選択肢以外の中から「明らかに正解！」と思えるものがあれば、そちらを選んでください。

　大切なのは、判断を瞬時にすること。各選択肢を聞いたら即（次の選択肢を聞く前に）、○なのか、×なのか、キープなのか。1つ前や2つ前の選択肢の内容は多くの場合、覚えていられません。

パート1が伸び悩んだときの4つのチェックポイント

　パート1はわずか1文で、かつ短文で説明されるので、一つひとつの単語や語句が正確に聞き取れることはもちろん、**聞いた瞬間に意味が理解できるかどうかが重要**です。次のチェック項目で確認しましょう。

ポイント1　基本単語が定着しているか

　特に「何をしているのか」に当たる動詞の意味を正確に覚え、定着させておくことがポイントです。

　また、熟語も頻出します。たとえば、次のように同じonが入る熟語でも意味はさまざまです。

put on（着る）
get on（乗る）
turn on（電気等をつける）

　こういった混同しやすいものも含めて、基本熟語はどれが出題されてもいいように、きちんと身につけておくことが必須です。

ポイント2　パート1特有の単語も定着しているか

　基本単語をおさえることが大切である一方、パート1特有の単語も出題されます。たとえばlawn mower（芝刈り機）、railing（手すり）など。こういった単語は基本単語ではカバーできません。

　したがって、公式問題集を解き終えた後は、知らない単語があれば必ず覚えるようにしてください。

ポイント3　音取り力がついているか

　パート1では、聞き間違えやすい単語を使った引っかけが頻出します。たとえば、人が歩いている写真に対して、

People are **working** along the street.

といった選択肢が用意されています（「歩く＝walk」と似た発音である「働く＝work」が使われています）。

　英語脳トレーニングでモノマネ音読や音取りリスニングを丁寧にやったかどうかが、ここで問われます。

ポイント4　わからない問題に動揺していないか

　わからない、あるいは自信が持てない問題があっても、動揺し過ぎないように気をつけましょう。焦ったり動揺したりすると、パート1の残りの問題はもちろん、リスニングセクション全体に影響を及ぼします。

　リスニングはメンタルの勝負です。気になることがあると、リスニングの内容を聞き流してしまいがちになります。

「難易度の高くないパート1で正解数を稼がなければ！」と思うのはもっともなこと。ですが、もし聞き取れない問題があったとしても、動揺するのは禁物です。意識的に気をつけましょう。900点以上を目指す人は、特に心がけてください。

パート1でやるべき4つの復習

復習1　間違った理由を把握する

誤答した問題について、理由を把握する（単語を知らなかったのか、聞き取れなかったのか、動作表現と状態表現の区別を瞬時につけられなかったのかなど）。

復習2　単語暗記

知らない単語を覚える。

復習3　モノマネ音読

聞き間違えた単語を含む選択肢（センテンス）を5回、モノマネ音読する。

復習4　意味取り音読

すぐに意味が理解できなかった選択肢にマーカーを引き、意味を理解しながら5回、意味取り音読をする。特に動作表現や状態表現が使われている場合には、写真と見比べながら意味取り音読をする。

パート1を復習する週
- 目標スコア600点：9週目
- 目標スコア750点：6週目
- 目標スコア900点：7週目

パート2　応答問題対策──冒頭が聞き取れれば正答率が上がる

パート2応答問題の正解数の目安（25問中）
・目標スコア600点：18問
・目標スコア750点：20問
・目標スコア900点：23問

出題形式

　正答を選ぶ時の判断材料になるのは問題文の冒頭です。ここを正確に聞き取ることが正答へのカギになります。音読を中心に重点的にトレーニングに取り組み、目安となる正解数を確保しましょう。

　また、**TOEICの全7パートの中でも、特に解答テクニックが通用するのがこのパート**です。問題の解き方をしっかり身につけてください。

＜例題＞

Where can I find the old conference room?
　(A)　You can say that again
　(B)　The meeting starts at six o'clock
　(C)　It's the second door on the left *

かつての会議室はどこで見つけられますか。
　(A)　おっしゃるとおりです
　(B)　会議は6時に開始します
　(C)　それは左側の2番目のドアです *

　　　正答は *

　テスト用紙には指示文しか書かれておらず、質問も、選択肢も、すべて音声で流れます。TOEICではこのパートのみ、選択肢は3つ。

第Ⅲ部　得点力の養成方法

129

選択肢がすべて読まれてから次の問題が読まれるまでのポーズは5秒間です。

パート2解答のための4つの基本戦略

基本戦略1　選択肢を聞いた瞬間に「○」「×」「キープ」

　パート1と同じです。選択肢を聞いた直後に「○」「×」「キープ」を判断することがここでも重要です。

基本戦略2　問題文冒頭の3〜5単語を確実に聞き取る

　問題文の冒頭3〜5単語を確実に聞き取り、それを反すうしながら各選択肢を聞いてください。疑問詞（who、when、where、what、why、how）はもちろん、主語、時制までの冒頭部分を正確におさえることが最大のカギです。

例1)

Can I see Mr. Walters though I don't have an appointment?
  (A) Yes, he can.
  (B) Actually, he's tied up with a visitor.
  (C) Is it disappointing?

アポイントはないですが、ウォルターさんに会えますか？
  (A) はい、彼はできます
  (B) 実は、彼は来客中で手が離せません
  (C) それは残念なことですか？

　冒頭のCan I see Mr. Waltersさえ聞き取れれば、たとえ全文の意味がわからなくても、次のように考えれば答えが選べます。

(A)→Can I seeと聞いているのに、"Yes, he can"では主語が違っていておかしい

(B)→be tied up withで、「〜で手が離せない」という意味。この表現を知らずに○か×の判断ができないとすれば、この選択肢をキープにする。

(C)→Can I seeと聞いているのに、"Is it disappointing?"と答えるのはおかしい

　このように、**聞き取った冒頭部分を反すうしながら各選択肢を聞くと、正答を選びやすい**です。ここでは(A)と(C)が違うと判断できれば、キープとした(B)を正答として選ぶことができます。

　冒頭3〜5単語を聞き取れればどうにかなるというのは、決して疑問文に限ったことではありません。たとえばこちらの問題をご覧ください。

例 2)

This project has been completed almost a week early.
- (A)　OK, I'll try.
- (B)　I don't think it's weak at all.
- (C)　Thanks to Bob's team.

このプロジェクトは約 1 週間早く完了した
- (A)　了解。やってみます
- (B)　それは弱いとはまったく思わない
- (C)　ボブのチームのおかげです

　このように疑問文ではない平叙文もパート2ではよく出題されます。疑問文ではありませんが、同じように冒頭の3〜5単語を聞き取り、それを反すうしながら選択肢を聞いていけば(C)を選べます。「プロジェクトは完了した」に対して、「ボブのチームのおかげだ」というのは、自然な受け答えだからです。

　なお、冒頭の3〜5単語を聞き取ることが重要とはいえ「それなら全文を聞き取らなくてもいいか」というわけではありません。も

ちろん、全文を聞き取れることに越したことはありませんので、冒頭部分だけを聞き取って、それ以降は聞かないということはしないようにしてください。

「たとえ全文が聞き取れなくても、冒頭さえ聞き取れれば正答を選べることがよくあるので、あきらめないこと！」というのがここでお伝えしたいことです。

基本戦略3　音が似ている単語に飛びつかない

　半分以上の問題に、音の引っかけがあると思ってください。問題文に出てきた単語と似た（もしくは同じ）発音の単語が入った選択肢は、ほぼ引っかけです。注意しましょう。

例3)

Have you sent Mr. Park last month's business results?
- (A) Yes, a bit more salt.
- (B) He attended that meeting.
- (C) She will deal with it.

Park さんに先月の営業成績を送りましたか?
- (A) はい、塩をもう少し
- (B) 彼がその会議に出席しました
- (C) 彼女がそれをやるでしょう

　この問題文は、目的語に当たる名詞が句になっている第4文型で、一度聞いただけで理解するには少し難易度が高いです。そこで冒頭部分とほかに聞き取れた単語を頼りに選択肢を聞いていきます。

　AはYesで始まっていますから、Have you sentという冒頭に対して正しいように聞こえます。しかしresultsと似ているsaltという単語が使われているのが気になります。Have you sentに対して「塩を少し」というのもおかしいです。つまり引っかけの可能性が高いので、「×」とします。

Bは、Have you sent に対する回答としては明らかにおかしいです。したがって「×」とします。

最後に(C)ですが、deal with（対処する）という熟語を知っていれば正解だとすぐにわかります。もし知らないとしても、(A)と(B)が「×」ですから、(C)を正答として選びます。

この音の引っかけは、冷静になれば何てことはありませんが、試験中の緊張感の中では思わず飛びついてしまいかねません。こういった問題は頻出ですので、落ち着いて対応しましょう。

基本戦略4　やり取りとして自然ならOK

問題文の冒頭がWhereだったら、正解の選択肢は必ず場所に関するものであるかというと、そうとも限りません。質問に対して、必ずこういう答え方になるというルールは存在しません。

たとえば、「部長はどこにいますか？」という問いに対して、「スケジュールでは、現在は休憩中です」という答え方も、十分成立します。

つまり**直接答えていないものの、応答としては自然で、不正解にはできないという選択肢があれば、「〇」か「キープ」にしておきましょう。**

例 4)

When will I receive my new membership card?
- (A)　Precisely three.
- (B)　The new cart does look nice.
- (C)　I'm printing it out for you now.

いつ私は新しいメンバーカードを受け取れますか？
- (A)　ちょうど3つです
- (B)　新しいカートがかっこいい
- (C)　今あなた用に印刷しています

答えは(C)です。「いつ私は新しいメンバーカードを受け取れますか?」の問いに対して、「いついつです」と直接的に答えてはいませんが、「今あなた用に印刷しています」という答え方は不自然ではありませんね。

このように、**どんな疑問詞で聞かれても、選択肢を聞くときに先入観を持たないようにしましょう。**あくまでも応答として自然かどうかを重視して、正答を選ぶようにしてください。

その意味では**I don't know.などが選択肢にある場合は、それが正解になる可能性が高い**と言えます。どんな質問にも「わからない」とは答えられるからです。

ほかにも次のような選択肢があったら、それは正解である可能性が高いと言えます。

　　・You should ask him.
　　・I'm not the best person to ask.
　　・That's hard to say.

なお、前述した音の引っかけが、この例にも当てはまっていますね（cardと、選択肢(B)のcartです）。気がつきましたか?

パート2が伸び悩んだときの4つのチェックポイント

ポイント1　問題文の冒頭3〜5単語を聞き取れているか

繰り返し述べてきたとおり、問題文の冒頭（疑問詞・主語・動詞・時制）を正確に聞き取ることが、パート2では大きなポイントです。

例 5)

Where are you going on Christmas holidays?
- (A) I will stay with my parents in London.
- (B) For 2 weeks
- (C) She is going to the Christmas party.

あなたはクリスマス休暇にどこに行きますか？
- (A) 私はロンドンで両親と滞在します
- (B) 2週間です
- (C) 彼女はクリスマスパーティに行く予定です

　この問題は、最初のWhereが聞き取れなければ、答えを選びようがありません。ですが、疑問詞は非常に小さい音で発音される場合が多く、かつ前後の単語とくっついて発音される連結も起こりやすいため、聞き取りにくいのも事実です。

　上の例題なら、Where are youは「ウェアー　アー　ユー」と発音されるのではなく、「ウェアーユー」と、まるで1つの単語のように発音されます。これを正確にWhere are youとして聞き取れないと、正解の選択肢(A)を選ぶのが難しくなるということです。

　この正確に聞き取るための対策は、英語脳トレーニングでもやったモノマネ音読です。公式問題集で演習をした後、各問題文の冒頭3〜5単語（上記の例ならWhere are you goingの部分）を何度か聞いて、音声を真似して音読しましょう。

　つまり、音声と同じように「ウェアーユーゴーイン」と繰り返し音読して、英語の音やリズムを体に定着させるのです。

　「ウェアーユー」という読み方は、英語ネイティブであれば誰でも共通です。その共通の型を定着させておけば、ほかの英語ネイティブが"Where are you〜?"と読んだときも同じように聞き取れます。

　各問題文の冒頭部分を聞き取ることがパート2攻略の最大のカギ。Whereに限らずほかの疑問文の冒頭部分も、細部まで繊細に真

似しながら音読するように心がけ、型を定着させておきましょう。

　冒頭部分のつながりで言うと、次のように主語の引っかけも頻出します。

Q) When will **she** go to the station?
A) **He** will leave at 7:30.

　問題文の冒頭さえ聞き取れれば、このような引っかけは笑って聞き流せます。事前にトレーニングしておきましょう。

ポイント2　特殊な疑問文にあわてずに反応できているか

　パート2では付加疑問文（〜, don't you?）や否定疑問文（Don't you〜）がよく出題されます。慣れていないためについ焦ってしまう人が多いようですが、あわてる必要はありません。なぜなら、答え方は普通の疑問文と同じだからです。

You met him yesterday, didn't you?/Didn't you meet him?

　このような文であっても、答え方はDid you meet him?の疑問文と同じです。
　特に否定疑問文は、直訳すると「〜しないの？」という日本語訳になるので混乱しやすいですが、「〜するの？」という普通の疑問文で聞かれたものと思って答えを選びましょう。

ポイント3　決まり文句の知識が身についているか

　英語ならではの、答え方の決まり文句があります。たとえば**図表7-3**のようなものです。
　この中に知らないものがあれば、まずは覚えましょう。ほかは、公式問題集を解いて未知の答え方があった時にその都度覚えれば、対策としては十分です。

I have no idea/I'm not sure	わかりません
Sure/Certainly	いいですよ
That depends.	状況次第です
Not until ～	～까までありません
Not that I know of.	私が知る限り、ありません
You can say that again.	まさにそのとおりです
Either is OK.	どちらでもいいです
I'll work on it.	私がやりましょう

ポイント4　聞き取れない時に開き直れているか

　ここまで繰り返し述べたとおり、パート2は問題文が全文聞き取れなくても、冒頭部分が聞き取れれば、どうにか出来ることが多いです。したがって、問題文をすべて正確に聞き取れなければいけないという先入観を持たないことが大切。**聞き取れた単語だけで勝負すればいいのだと、最初から割り切りましょう。**

　パート2の攻略には、いい意味での開き直りが大切です。

パート2でやるべき4つの復習

復習1　間違った理由を把握する

　誤答した問題について、理由を把握します（冒頭が聞き取れなかったのか、答え方の決まり文句を知らなかったのか等）。

復習2　モノマネ音読

　間違えた問題について、問題文の冒頭部分をモノマネ音読します。

復習3　単語暗記

　知らない決まり文句を覚えます（正解した問題でも、ほかの選択

肢に知らない決まり文句があれば覚えてください）。

復習4　スクリプト確認
　問題文と正解の選択肢をスクリプトで確認し、応答の仕方を把握する（直接答えていないが正解になりうることを確認する）

パート2の復習をする週
・目標スコア600点：9週目
・目標スコア750点：6週目
・目標スコア900点：7週目

パート3会話文、パート4説明文対策──解答リズムをつかむ

パート3の正解数の目安（39問中）
・目標スコア600点：28問
・目標スコア750点：31問
・目標スコア900点：36問

パート4の正解数の目安（30問中）
・目標スコア600点：20問
・目標スコア750点：23問
・目標スコア900点：28問

<例題>

(1) Woman: Kevin, it's Lucia from the office. I know that this might put you in a difficult situation, but I hope that you can reschedule your vacation next week. We just got several new major clients, and they've all placed orders to have equipment installed right away. I'd like you to lead the team working on the second-largest of the new projects. It's not the biggest, but it's the most complex— so I need you.

(2) Man: Oh, I see ... couldn't you get Wendy? She's had enough experience by now to do something like that. She's assisted me before, and seemed to do fine.

(3) Woman: That's correct, but I'd rank you as the best team leader we've got, and these new clients are big. I tell you what: if you can work next week, I'll authorize an additional two days of paid vacation.

(4) Man: You've convinced me. I'm gonna be in on Monday to take care of everything.

65. What does the woman ask the man to do?
    (A) Postpone a plan*
    (B) Lead a meeting
    (C) Install furniture
    (D) Contact an office

New Client Projects

Client	Project Value
Rosto Manufacturing	$520,000
Ippsin Paper Co.	$630,000
Alark Cement, Inc.	$600,000
Fraelin Machinery	$570,000

66. Look at the graphic. What client will the man's team be assigned to?
   (A) Rosto Manufacturing
   (B) Ippsin Paper Co.
   (C) Alark Cement, Inc.*
   (D) Fraelin Machinery

67. What does the woman offer to do for the man?
   (A) Enlarge his team
   (B) Convince his supervisors
   (C) Authorize higher pay
   (D) Provide an incentive*

女性：Kevin、こちらは事務所から来た Lucia です。あなたにとって難しい状況になるということは承知ですが、来週の休暇を計画し直してくれると嬉しいです。当社は新規の大手クライアントを複数獲得したばかりで、どのクライアントも早急な設備の設置を発注してきています。この 2 番目に大きな新規プロジェクトの取り組みに関してあなたにチームを率いてもらいたいのです。いちばん大きいわけではないですが、もっとも複雑なのです。それであなたが必要なのです。

男性：ああ、そうですか……Wendy を呼ぶことはできませんでしたか。このような件の取り組みに関し彼女はこれまでに十分な経験を積んでいます。彼女は以前私のアシスタントをしていますし、よくやってくれると思います。

女性：確かに、でも私たちはあなたが当社で最善のチームリーダーだと評価していますし、新規クライアントは大手なのです。ではこれでどうでしょう、来週働いてくれたら、有給休暇を 2 日間追加で許可します。

男性：それで納得しましょう。月曜に出社して、全て対処します。

65. 女性は男性に何をするよう依頼していますか。
   (A) 計画の延期 *
   (B) 会議の進行
   (C) 家具の設置
   (D) 事務所への連絡

新規クライアントプロジェクト

クライアント	プロジェクトの価値
Rosto Manufacturing	$520,000
Ippsin Paper Co.	$630,000
Alark Cement, Inc.	$600,000
Fraelin Machinery	$570,000

66. 表を見なさい。男性のチームが割り当てられたのはどのクライアントか。
    (A) Rosto Manufacturing
    (B) Ippsin Paper Co.
    (C) Alark Cement, Inc.*
    (D) Fraelin Machinery

67. 女性は男性に対し何をすると申し出ているか。
    (A) 彼のチームの拡大
    (B) 彼のスーパーバイザーへの説得
    (C) 支払いの値上げの許可
    (D) インセンティブの提供 *

      正答は *

　パート3、パート4ともに、20秒〜40秒程度の会話や説明文が放送された後、設問が読まれます。1つの会話、説明文（大問と呼びます）に、設問は3問ずつ。パート3では13の会話が流れ、設問は各3問、計39問。2名の会話が主ですが、3名の会話を聞いて解答する大問も出題されます。パート4は、10の説明文に対して設問が各3問ずつで、計30問です。

　パート3、パート4ともに、問題用紙に載っている図表などの情報と音声を関連づけて答える設問が、パート3と4を合わせて5問出題されます。さらに、話し手の意図を問う設問も同じく5問出題されています。

設問や選択肢はテスト用紙に書いてあります。設問の間のポーズは8秒間です。

パート3、4を解くための2つの基本戦略

攻略のための最大のカギは英語脳です。あわせて69問もあります。しっかり対策を立て、正解数を稼ぎましょう。

基本戦略1　解答スタイルを決め、それを貫く

パート3と4は、本番までにトレーニングを重ねた解答スタイルで臨むことが大切です。解答スタイルとは、こちらを指します。

パート3、4の解答スタイルを決める3つのポイント
ポイント1　会話や説明文の音声を聞き始める前に、設問や選択肢を読むかどうか
ポイント2　音声を聞いている最中に、設問を解くかどうか
ポイント3　どのタイミングで、次の大問の3つの設問を読み始めるかどうか

まず、パート3と4には、大きく2つのタイプの設問があることを思い出しておきましょう。すなわち、**音声だけを聞いて解く問題**と、**問題用紙に載っている図表と関連させて解く問題**です。

おすすめの解答スタイルは、会話や説明文が始まる前に設問に目を通すこと（**図表7-4**）。図表問題がある場合は、本文中から何の情報を聞き出さなければいけないのかを事前に確認しておきましょう。

慣れてくると、設問を読むだけで話の展開が予測できるようになります。たとえばこちらの3つの設問を読めば、音声を聞く前に「何かしら問題が起こっていて、スクリーンをオーダーするんだな」と話の展開が予測できます。

放送前	・設問に目を通す （特に図表問題の有無を確認する）
放送中 （会話・説明文）	・音声を聞きながら設問を解く 　　　　または ・音声を集中して聞く （ただし図表問題がある場合は、 　図表を見ながら音声を聞き設問を解く）
放送後 （設問）	・放送中に解けなかった設問を解く ・3つめの設問の読み上げが始まったら 　次の大問の設問に目を通す）

以降この繰り返し

Q1. Where most likely does the conversation take place?

Q2. What is the problem?

Q3. Look at the graphic. What size screen will the man order?

　続いて会話や説明文が始まります。この時、音声が流れている最中は集中して聞き、すべて聞き終えてから設問を解く、というスタイルをおすすめします。

　ただし図表問題がある場合だけは、**関連する情報が音声で流れてきたら、図表に目を向けましょう。そしてその場で正解を選ぶ**ようにしてください。図表問題は細かい情報を問われることが多く、そういった細かい情報は忘れやすいためです。

　そして会話や説明文が終了したら、放送では3つの設問文の読み上げが始まります。設問間のポーズも含めて、この時間は約40秒

あります。

　この40秒の時間中にやることは、こちらです。

大問のあいだにやるべき3つのこと

やること1　　各設問の正答を選ぶ

やること2　　マークシートにマーク

やること3　　次の大問の設問（3つ）に目を通す

　特に3の「次の大問の設問に目を通す」ことが大切です。目の前の解答に追われていると、次の大問の設問に目を通すことができず、心の余裕を持てない状態で次の大問の音声を聞くことになります。これでは、次の大問を3問とも間違えやすくなってしまいます。

　これを防ぐコツは、**3つめの設問が読み上げられたら、目の前の解答はあきらめて**（とはいえマークは適当にして）、次の大問の設問を読み始めるようにすることです（**図表7-5**）。

　なぜなら、設問間のポーズは8秒間のため、3つめの設問が読み上げられた後、次の大問の音声が始まるまでに8秒間は確保できるからです。

　次の3ステップを一連の流れとして、それ以降もリズムよく進めていきましょう。

パート3、4解答の3ステップ

ステップ1　　音声が始まる前に設問を読む

ステップ2　　音声が流れている間は、集中して聞く

ステップ3　　音声の後の解答中、3つめの設問が流れてきたら
　　　　　　　次の大問に移動する

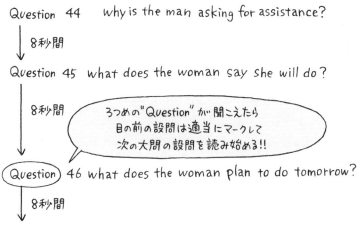

一方で、おすすめの解答スタイルでは「音声が流れている間は、集中して聞く」とお伝えしてきましたが、人によっては「音声を聞きながら設問を読み、解答する」ほうがやりやすいという声もあります。そのほうがやりやすければ、もちろんそれでもOK。パート3と4については、解きやすい解答スタイルが人によって違うのはよくあるからです。

　もっとも大切なのは、**このやり方で解答するぞ！と決めたら、本番のテストではそのやり方を貫く**ことです。

基本戦略2　意図問題は無理に解かない

　パート3と4では、こちらのような話し手の意図を問う「意図問題」が合わせて5問出題されます。

・What does the man imply when he says, "〜"?

・Why does the speaker say, "〜"?

・What does the woman mean when she says, "〜"?

この意図問題は、ほかの設問に比べて難易度が高いと言えます。なぜなら全体の文脈をつかめていないと正答を選ぶのが難しく、かつ選択肢の英文も比較的長い場合が多いからです。

したがって、**600点や750点を目指す人は、意図問題を無理に解こうとしなくてOK**。特に選択肢の英文が長い場合には、それを読むのに集中しすぎたあまり、次の大問の3つの設問を読む時間がなくなってしまうという事態を避けるべきです。

意図問題は1つの大問に1問しか出題されません。出題された場合は、ほかの2問を解くことを優先し、時間切れになったら（3つめの設問が音声で流れてきたら）次の大問に移りましょう。意図問題は全部で5問ですから、すべて適当にマークしたとしても、確率的に1問は正解できます。

パート3、4が伸び悩んだときの6つのチェックポイント

ポイント1　英語脳が作れているか

英語脳は、パート3、4の攻略に最重要の力です。パート別の対策に入る前に、まずは基礎力として英語脳を作り、TOEICレベルの英文を英語のまま正確に理解できるようになっておきましょう。

ポイント2　必要なボキャブラリーが身についているか

会話や説明文で使われた表現と、正解の選択肢の中の表現は、同じ意味でも違うものが使われる場合があります。よくある例を挙げるとこちらです。

・once a year（1年に1回）－annually
・bill（請求書）－ invoice
・repair（修理する）－fix

問題集で未知のものがあれば、その都度覚えていけば対策として

は十分です。

　また、パート3と4では出題されやすいテーマがあり、各テーマに特有の単語（とくに名詞）の知識も必須です。たとえば、次のようなものが挙げられます。

- ・空港、機内
  baggage（手荷物）、baggage claim area（手荷物引渡し所）
- ・電話対応
  inquiry（問い合わせ）、extension number（内線番号）
- ・交通情報
  pile-up（玉突き衝突）、commuter（通勤者）、traffic delay（交通の遅れ）
- ・セール
  retail price（小売価格）、offer X% discount（X%を割引する）

　基礎力の段階で、こういったボキャブラリーは単語本でカバーできます。あとは問題演習をした時に未知のものを暗記していけば、それ以上の特別な対策は必要ありません。

ポイント3　設問を瞬時に正しく読み取ることができるか

　パート3、4ともに、1つの設問が読まれてから次の設問が読まれるまでの時間は、8秒間しかありません。短い時間の中で設問を読み、4つの選択肢の中から正解を選ばなければならないため、速く、かつ正確な読みが求められます。

　What is being announced?など、**設問のパターンは限られています。**一度で意味が理解しにくかった設問については、繰り返し意味取り音読をするのがおすすめです。設問に慣れてしまえば、どうってことはありません。

ポイント4　特殊な音声や不完全な文への対応は？（パート3のみ）

　パート3では、会話の中にElisions（省略形：going to→gonnaなど）、Fragments（文の一部：Yes, in a few minutes.、Why not? など、主語や動詞が省略されている文）が含まれます。基礎力で英語脳トレーニングを積んでおけば、特に恐れることはありませんが、公式問題集を解きながら、知らない言い回しが出てきたら、その都度覚えるようにしましょう。

ポイント5　細部にこだわらず、全体の流れをとらえているか

　パート3と4は概して、**細部にこだわりすぎず、全体の流れをとらえる**ように聞きましょう。聞いている最中にわからない単語が気になってしまったら、全体の理解がおぼつかなくなります。話されている場面や内容を頭の中でイメージしながら、いい意味で大雑把に聞いてください。

　英語脳トレーニングのときは、一言一句にこだわり、細部に注意を払いながら聞くようにしました。これはあくまでも、本番の問題文を聞くための力（音や単語、文法など）を身につけることが目的だったからです。

　しかし、いざ問題に向かう時は、聞き方が変わります。**一言一句にこだわらず、聞き取れない部分があっても、そのまま聞き流す**ことによって、全体の流れを見失わないようにしましょう。

ポイント6　解答ペースを乱していないか

　音声が終了して、正答を選ぶ段階の時に、「あれ!?　何て言ってたっけ？」と、頭を抱えながら音声の内容を思い出そうとしていませんか？「気づいたら次の大問の3つの設問を読む時間がなく、どんどんペースが乱れていった」、これは、とてもよく聞く敗戦の弁です。

「何て言ってたっけ？」と思った時は、そもそもリスニングができていなかったと思ってください。数秒の解答時間中に思い出せるも

のではありません。

　したがって**その1問に固執せず、適当にマークを入れて（最初に「これかな」と思ったものを選んでおくのがおすすめ）、次の大問の3つの設問を読むことに時間を使いましょう。**ペースを崩さないことが非常に大切です。

パート3、4でやるべき4つの復習

復習1　間違った理由を把握する

　間違えた問題の原因を分析します。解答ペースを乱したことが原因であれば、同じ問題を2〜3度解いて、解答ペースを身につけてください。

復習2　語彙の言い換えを覚える

　各設問について、答えの根拠となる箇所を本文中で確認し、本文と選択肢での語彙の言い換えを覚えます。

復習3　意味取り速読

　一度で意味が理解しにくかった設問を4、5回意味取り速読します。

復習4　本文の英語脳トレーニング

　英語脳トレーニングと同じやり方で、本文のリーディングとリスニングをします。

　※復習1〜3は得点力養成として、復習4は基礎力養成の英語脳トレーニングとして行います。

パート3、4の復習をする週
　・目標スコア600点：10〜11週目
　・目標スコア750点：7週目
　・目標スコア900点：8週目

第8章　限られた時間で力を出し切る
リーディングセクション攻略法

目標スコアごとに目標正解数を決めておく

　リーディングセクションは時間との戦いです。

　各パートの問題数と、それぞれのパートに投じる目安時間を把握して、普段のトレーニングから時間への意識を徹底してください。そうして、時間内に全問題を解く姿勢を身につけましょう。

　リーディングセクションはパート5からパート7までで構成され、問題数は合計100問。満点は495点。試験時間は75分間。

　パート5と6は、短文と長文という違いはありますが、文法知識と語彙力を問う問題を中心に構成されます。パート7は、いわゆる長文読解です。

600点を目指す場合
　正解数の目安は68問。リーディングが得意なら、73問を目安に330点程度を目指しましょう。

750点を目指す場合
　正解数の目安は81問。リーディングが得意ならそれ以上を目標に、380点程度を目指しましょう。

900点を目指す場合
　正解数の目安は92問以上。900点を目指すなら、リーディングセクション全体で430点以上を目指しましょう。文法・語彙問題であるパート5と6をいかに短い時間で、いかに誤答を少なく乗り切れ

るかがポイント。さらにパート7の読解問題の誤答は、4問以下に
おさえましょう。

簡単な問題を取り逃さないコツ

　リーディングセクション攻略の最大のカギは、文法問題に当たる
**パート5と6の計46問をできるだけ短時間で解き終えて、パート7の
読解問題にどれだけ多くの時間を残せるかです。**

　目標スコア600点の場合は300点、750点の場合は340～380点、
900点の場合は430点以上を、リーディングセクションで目指すこ
とになります。**図表8-1**でわかるとおり、目標点が高い人ほど、パ
ート5と6をできるだけ早く解き終えて、パート7に進みましょう。

　特に900点以上を目標にする人は、パート7の読解問題は時間を
かければ全問正解も不可能ではないので、できるだけ時間を残して

[図表 8-1]　リーディングセクションの正解数の目安

	問題数	目標スコア別 正解数と解答時間の目安		
		600点	750点	900点
パート5 (短文穴埋め問題)	30 問	21 問 / 15分	24 問 / 13分	27 問 / 9分
パート6 (長文穴埋め問題)	16 問	10 問 / 8分	13 問 / 7分	15 問 / 6分
パート7 (読解問題)	54 問	37 問 / 52分	44 問 / 55分	50 問 / 60分
合計	100 問	68 問	81 問	92 問
		75分		

おきたいところです。

　リーディングセクションは時間との戦いですから、**特に600点、750点を目指す人は、「無理に解かなくてもいい問題」というのがあります**。600点を目指す人は20問、750点を目指す人は10問を目安に、解かない問題として飛ばします。

　ここでポイントなのは、「最後の20問を時間切れで解けない」のではなく、「途中にある問題の中で、解かなくてもいい問題を合計20問設定する」ということです。

　なぜならTOEICでは超基本問題から難問まであらゆる難易度の問題が出題されますが、難易度順には並んでいません。つまり**最後のほうにも簡単な問題があるため、それらを時間切れで「解かない20問」に含めてしまうのはもったいないのです。**

　それよりも、134問目などの中途半端な場所に隠されている難問を素早く見抜き、それを解かない20問にするほうが効率的です。

　解かない20問を意図的に作ったとしても、ほかの問題をしっかり考えて解答していれば、目標のスコアは突破できます。ただし、**解かないにしても必ずマークはしてください**。600点を目指す人なら、20問を適当にマークしても、（4択のため）確率的に5問は正解できます。

パート5短文穴埋め対策 —— スピード最優先で解く

パート5の解答時間・正解数の目安（30問中）
・目標スコア600点：15分で21問
・目標スコア750点：13分で24問
・目標スコア900点：9分で27問

出題形式

単語や語句が1カ所空欄になった英文が30問出題され、空所に入れる語句を4つの選択肢から選ぶ形式です。

<例題>

The easy-to-grip handles on the new Foster White kitchen knives make them _____ of the kitchen knives product line of Foster White Co.
- (A) the mostly efficient
- (B) more efficient
- (C) more efficiently
- (D) the most efficient*

新しいフォスターホワイトキッチンナイフに使われている握りやすいハンドルのおかげで、同製品は同社のキッチンナイフの製品ラインの中でもっとも使いやすいものである。

正答は *

パート5は文法問題と意味問題に大別されます（上記のサンプルは文法問題です）。このうち**文法問題での誤答を極力おさえることがポイント**です。

目標スコア600点の人はパート5を15分、750点の人は13分、900点の人は9分で解き終えられるかどうかが、リーディングセクション全体のスコアを左右します。

解答中は時間をマメに確認し、この時間を過ぎないようにしてパート6に進みましょう。普段のトレーニング時から心がけるようにしてください。

パート5を解くための3つの基本戦略

第2部で、文法の基礎力の身につけ方を説明しました。

文法力を身につける4つのステップ

ステップ1　参考書の理解＆暗記

ステップ2　文法項目ごとに分かれた問題集を使って問題演習

ステップ3　間違えた問題、勘で解いた問題をチェック

ステップ4　「パブロフの犬状態」（問題を見てすぐに、答えと
　　　　　　答えの理由がわかる）になるまで、繰り返し解く

　この一連のステップで基礎力をガッチリ固めたら、いよいよTOEICの実践形式の問題集（目標スコア600点、750点は『TOEIC® TEST英文法問題集 NEW EDITION』、目標スコア900点の人は『TOEIC® L&Rテスト　文法問題でる1000問』）に進み、解き方を身につけましょう。

　実践形式の問題集をやる時でも、上記のステップ2〜4の「演習」→「チェック」→「繰り返し解く」は同じです。

　では、パート5特有の解き方を説明しましょう。

基本戦略1　文法視点→意味視点の順で解く

　いきなり問題文の意味を考えるのではなく、まずは選択肢から見て、何が問われているか（文法か？意味か？）を把握します（**図表8-2**）。

　続いて空所の前後を見ます。文法が問われている場合には、英文の意味ではなく、あくまでも文法の視点からのみ、答えを考えましょう。**文法的に空所に入りえない選択肢を消去した上で、複数の選択肢が残れば、文全体の意味を考えて1つに絞ります。**

例 1)

Employees _____ want to take summer vacation should complete the necessary form before 20th of June.

- (A) whose
- (B) whom
- (C) who
- (D) which

夏休みを取りたい従業員は、6月20日までに必要なフォームを書いてください。

[図表 8-2] パート5を解く3つの手順

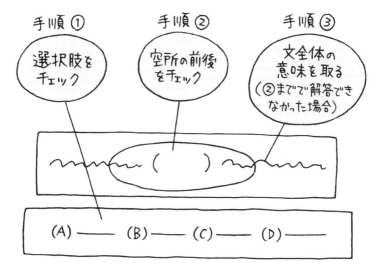

　手順①　まずは選択肢をチェック。おそらく関係詞を問う問題だろうと当たりをつけます

　手順②　空所の前後をチェック。先行詞はEmployees（従業員）ですから人です。さらにwantの主語にあたるので、正解は(C)のwhoだとわかります。

155

この例のように、**文法だけで答えがわかる場合は、全文の意味を
考える必要はありません**。この問題なら5秒以内で解答して、次の
問題に進みましょう。

　もう1つ例を挙げます。

例2)

Don't _____ going to the doctor or your cold will get worse.
- (A)　overdo
- (B)　put off
- (C)　take off
- (D)　pay off

医者に行くのを延期しないでください。さもないと、あなたの風
邪はもっと悪くなりますよ。

手順①　**まずは選択肢をチェック**。4つすべて同じ品詞（動詞と、
動詞と同じ働きの熟語）で、形もすべて原形。したがって、文法だ
けでは正解が導き出せないと判断します。

手順②　**空所の前後をチェック**。空所直後が動名詞。選択肢はすべ
て、後ろに動詞を置く場合は動名詞を取るボキャブラリーです。や
はり文法だけでは正解が導き出せないと判断します。

手順③　**問題文全体の意味を取り、適切な選択肢を選ぶ**。正解は(B)
のput off（延期する）です。

　例2のように、**文法だけで解答を導けない場合は、全文の意味を
考える必要があります**。この場合は、最大1分までなら時間をかけ
てもOKです。ただし、知らない単語が選択肢や問題文にある場合
は、どれだけ考えても意味が空から降ってくることはありません。
「何となく、これかな」と思ったものをマークして、次の問題に進
みましょう。TOEICにおいて、潔さは非常に大切なのです。

基本戦略2　主語と動詞をチェック

　英語は主語と動詞が基本です。接続詞や副詞などが絡むと英文がややこしく見えますが、**主語と動詞が適切に使われているかの視点で見ると、すぐに答えが選べる**ことも少なくありません。

　特に、下記の例のように形が違う（原形、現在分詞、過去分詞、三単現など）動詞が問題文に2つ以上並んでいたら、文中の主語と動詞の関係を丁寧にチェックしましょう。

例 3)

Vehicles owned by employees _____ are parked in spaces for customers may be towed.
- (A)　they
- (B)　that
- (C)　those
- (D)　who

お客様用のスペースに駐車している従業員の車は移動させられるかもしれません。

　過去分詞として使われているものも含め、1文の中に動詞が5つ（owned, are, parked, be, towed）あります。 英文の中に動詞は1つが原則ですので、どれがこの英文の主語と動詞なのかを丁寧に見ていきます（**図表8-3**）。

　主語は文頭に来るのが基本ですので、Vehiclesがこの文の主語です。ownedはVehiclesを説明する過去分詞。そして空所があって、受動態（be動詞＋過去分詞）として使われているare parked、さらに文末にも受動態のbe towedがあります。

　つまりどちらかの受動態が、この英文の動詞です。選択肢には関係詞として使えるthatとwho、さらに主語となりうる代名詞のtheyとthoseがあります。この英文に主語はもう必要ありませんので、空所に関係詞を入れ、be towedのほうがこの英文の動詞だろうと見

当をつけます。

　続いて関係詞として使える選択肢 (B) that、(D) whoのうち、どちらが適切かを判断します。空所の直前にemployees（従業員）という人を表す名詞があるためwhoかなと思うかもしれませんが、employees are parked（従業員は駐車される）ではおかしいので、Vehiclesを説明するための関係詞thatが適切だと判断できます。

[図表8-3]　主語と動詞を見るだけで答えられる問題もある

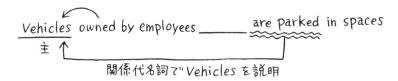

　少し複雑な例題でしたが、全文の意味を考えなくても主語と動詞をチェックすることで解くことができました。こういった問題が、TOEICでは頻出します。

基本戦略3　考える時間は1問につき最大1分

　前述したとおり、リーディングセクションは時間管理が大きなポイントです。パート5では、1問につき最大1分考えても答えがわからなければ、潔くあきらめて次の問題に移りましょう（とはいえ、何かしらマークはすること）。わかる問題を確実に答え、正解数を稼ぐのです。

　ただし、これは文法問題など短時間で答えられる平易な問題に時間を使い過ぎていないことが条件。すべての問題について1分すべてを使っていると、当然時間切れになります。**簡単な問題は5〜10秒程度で、難易度の高い問題は最大1分まで**、と心得てください。

　そして最大の1分間考えても答えがわからなければ、潔くあきら

めること。TOEICは難易度順に問題が並んでいるわけではないので、わからない問題が途中にあっても、気にする必要はありません。最終的に自分の目標スコアに応じた問題数を正解すればいいのです。

　わからない問題は、自分の目標以上のスコアを取りたい人が正解すべき問題です。そう割り切りましょう。**自分のレベル以上の問題に固執せずに、すべての問題に目を通し、わかる問題を確実に解答することがもっとも大切**です。

　ただ、頭では理解していても、実際は目の前の1問につい固執してしまうもの。とにかく普段のトレーニング段階から常に時間を計り、時間内にすべて解き切るようにトレーニングしておきましょう。

パート5が伸び悩んだときの4つのチェックポイント

ポイント1　知識を問う問題に正解できているか

　パート5の正解数が伸び悩んだら、正解しなければいけない問題（文法の知識を問われる問題）をきちんと正解できているかどうかを、まずは確認しましょう。

　意味問題など、知識がなければ解けない問題を間違えても、あまり気にしなくてOK。単語本を使って必要な単語をインプットしているのであれば（これが大切！）、それでも知らないものは解けなくてもいいのです（**図表8-4**）。

　一方、文法問題など、きちんと考えれば解けた問題で不正解になっている場合は、腰を据えて対策を立てましょう。具体的には時間を計りながら解くことをいったんやめて、1問1問丁寧に、じっくり時間をかけて解き、前述した正しい解答プロセスを身につけること。これを先にやってください。

　そして解答プロセスが身についた上で、時間を計って解き、スピードを上げていきます。スポーツに例えるなら、まずはじっくりフォーム固め、その後に実践のスピードでトレーニングという流れです。闇雲に問題量をこなしても、あまり効果は上がりません。

この後に説明することを参考にして、できていないことは何かを把握し、必要な対策を立てるようにしましょう。

[図表 8-4] 復習の仕方は間違えた理由ごとに変える

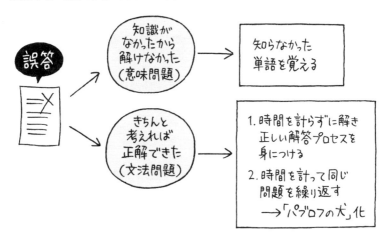

ポイント2 基本文法の理解ができているか

まずは文法の理解ができていることが不可欠です。**盲点となりやすいのが、品詞と文型、関係詞、分詞、仮定法**など。特に頻出するのが、こちらのような品詞の知識を問う問題です。

例4)

Ross hiking equipment has enough _____ to last decades of severe weather.
  (A) strong
  (B) strengthen
  (C) strongly
  (D) strength

ロス社のハイキング製品は、何十年もの厳しい天候にも耐える強さをもっている。

正解はD。空所の前にhasがあり、enoughは形容詞のため、空所には目的語にあたる名詞を入れるのが適切だと判断できます。4つの選択肢の中で名詞は(D)だけです。

[図表8-5]　品詞が一発でわかる！　接尾辞リスト

名詞	
-ment	movement
-ion	examination
-ance / -ence	difference
-ness	happiness
-ship	friendship
-ity	security
-ism	realism
-logy	biology
-er / -or	employer
-ant	applicant
-ist	pianist
-ee	employee
副詞	
-ly	finally

形容詞	
-al	natural
-ish	foolish
-able / -ible	avaliable
-ic	dramatic
-ful	helpful
-ous	various
-less	careless
-ive	native
-ent / -ant	efficient
動詞	
-ate	celebrate
-en	shorten
-ize	visualize
-fy	simplify

　こういった**品詞の使い分けを問う問題は頻出**です。パート5全体の3割ほども出題されます。

　74頁の品詞・文型講座を読んで各品詞の特徴を理解し、単語暗記の時には必ず品詞まで覚えるようにしましょう。品詞を問う問題は、身についていれば、時間をかけずに（5〜10秒で）即答でき、かつ得点源にもできる非常にありがたい問題です。

　なお品詞の使い方の問題は、空所に入れるべき品詞がわかれば、選択肢に並ぶ単語の語尾を見れば答えを選べることが多いです。**図表8-5**に、よく出る4つの品詞の代表的な語尾（接尾辞）を挙げて

おきます。知らないものがあれば、ぜひ覚えてください。

ポイント3　推測する粘りを持てているか

パート5は、3〜4割が単語力を問う問題です。純粋に単語の量が問われているだけではなく、知らない単語に遭遇した時に、意味を推測する力も問われています。例を挙げましょう。

例5)

The typhoon caused _____ damage to that town.
- (A)　tall
- (B)　admirable
- (C)　irreparable
- (D)　repetitive

台風はあの街に修復できないほどの危害を与えた。

選択肢に知らない単語があっても、たとえば次のように推測することが可能です。

「選択肢はすべて形容詞なので、形はどれもOK。まず(A)は違うだろう。ダメージに対して、背が高い、はおかしい。(B)のadmireできる（able）は、damageにかかる語としておかしい。(C)は、repaがrepairっぽいけどわからないのでキープ（保留）。(D)は何となくrepeatに近い単語だからrepeatの形容詞かな。1つの台風が繰り返しダメージを与えるは変だ。ということは、消去法で(C)を正解にしよう」

このように推測していくと、正解である(C)を導き出すことができます。

意味を推測する力は、意味がわからない単語が選択肢に並んだ時でも高い確率で正答を選び出すために不可欠な力です。これを鍛えるためにも、問題集で知らない単語が出てきた場合はすぐにあきら

めるのではなく、推測するように心がけましょう。ただし前述したとおり、推測作業も1問につき1分が限度です。

ポイント4　潔くあきらめることができているか

　推測力の重要性を述べましたが、一方で、ある程度で推測をあきらめる潔さを持つことも大切。**リーディングセクション攻略のいちばんのカギは時間です。**最終的に制限時間の75分間で200番まで到達するためにも、知らない単語ばかりが選択肢に並んでいたら潔くあきらめる、ということも時には必要です。

　この時、**目標スコアに応じた基本単語をしっかり身につけていれば、知らない単語が出た場合に、気持ちよく割り切ることができる**はず。なぜなら知らない単語は、目標獲得のためには「知らなくてもいい単語」だと判断できるからです。

パート5でやるべき4つの復習

復習1　間違えた問題の種類を確認する

　間違えた問題は文法問題なのか意味問題なのかを把握します。

復習2　間違えた問題をじっくり解き直す

　文法問題で間違えたものを、じっくり時間をかけてプロセスを意識して解きます。

復習3　単語暗記

　意味問題で出題された知らないボキャブラリーを覚えます（選択肢のボキャブラリーのみでOK）。

復習4　繰り返し解く

　間違えた問題すべてを、パブロフの犬状態になるまで繰り返し解きます。

パート5の復習をする週

- ・目標スコア600点：文法問題集6〜9週（test3まで）、公式問題集10〜11週
- ・目標スコア750点：文法問題集5〜8週、公式問題集9〜10週
- ・目標スコア900点：文法問題集3〜8週、公式問題集9週

パート6長文穴埋め問題対策 ── パート5とほぼ同じ

パート6の解答時間・正解数の目安（16問中）

- ・目標スコア600点：8分で10問
- ・目標スコア750点：7分で13問
- ・目標スコア900点：6分で15問

出題形式

　問題数は16問。4つずつ空所が含まれた長文の問題文が4つ出題されます。各空所に入れる語句を4つの選択肢から選ぶ形式です。

　上記の時間内での回答が難しいと感じた場合、目標スコア600点、750点の人はプラス2分まで、900点の人はプラス1分までなら許容範囲です。

<例題>

Stava Tech, Inc. Math Contest

We are pleased to announce our ninth annual math contest. The online event is open to anyone, anywhere in the world, --- [139] --- is under the age of 18. This is a chance for all young math enthusiasts to test their ability.　--- [140] ---

First Prize is free tuition, room, and board at the University of the Winner's Choice. We will cover such --- [141] --- up to US$175,000. ---[142]---, we provide a first-class plane ticket to San Diego to visit our global headquarters. We cover all accommodations and general living expenses for that 3-day trip.

Last year, Julius Boakye, 15, of Accra, won. This year, it could be you!

139. (A) who*
(B) they
(C) they're
(D) which

140. (A) Students can enter courses anytime throughout the year.
(B) Be sure to look for the newest release of our educational software package.
(C) The contest will be held online, so anyone in the world with an Internet connection can participate.*
(D) Grades will be posted by the instructor at the end of each session.

141. (A) responses
(B) expenses*
(C) investments
(D) markets

142. (A) In addition*
(B) Despite that
(C) As an example
(D) Nevertheless

Stava Tech 社　数学コンテスト

私たちは、毎年行っている数学コンテスト第 9 回の開催をお知らせができることを嬉しく思います。このオンラインのイベントは、

誰でも、世界のどこにいても、18歳以下であれば参加できます。これはすべての若い数学好きたちが、能力を試すチャンスです。コンテストはオンラインで開催され、インターネットにアクセスできる世界中の誰もが参加できます。

優勝賞品として、希望する大学の授業料と部屋代、食事代が免除されます。私たちは最大17万5000ドルまでの費用を負担します。さらに、私たちのグローバル本社を訪問するために、サンディエゴ行のファーストクラス航空券を提供します。この3日間の宿泊費と生活費はすべて我々が負担いたします。

昨年は、アクラ出身のJulius Boakye（15歳）さんが優勝しました。今年はあなたかもしれません！

正答は *

　パート5と同じ穴埋め問題ですが、パート5が短文だったのと異なり、パート6は長文の中に空欄が設けられています。文法力、語彙力に加えて英語脳が求められるパートです。

パート6を解くための3つの基本戦略

基本戦略1　全文を読んで解答する

　パート6では、1つの文書につき1問は、適切な文を挿入する問題が出題されます。この問題は全文の文脈を取ったほうが正確な答えを導きやすいため、最初から全文を読みながら解答していくのがおすすめです。

基本戦略2　挿入問題は接続表現がカギ

　挿入問題を解答する時にカギとなるのが**接続表現**です。空欄となっている箇所の前後、あるいは選択肢に接続表現が出てきたら、それを手がかりにして答えを絞っていきましょう。最低限、**図表8-6**の表現を覚えておくと便利です。

[図表 8-6]　挿入問題が解きやすくなる接続表現リスト

that is (to say)	つまり、すなわち
in other words	言い換えると
compared with 〜 in comparison with 〜	〜と比較して
first/second	第一に/第二に
by the way/anyway	ところで
otherwise	さもなければ
if so	そうならば
instead	そのかわりに
however/yet	しかしながら
on the other hand	一方、それに対して
nevertheless	それにもかかわらず、それでも
after all	そうは言っても、結局のところ
besides/also/furthermore	そのうえ、ほかに、さらに、それに加えて
thus/therefore	したがって
eventually	最終的には
for example	たとえば

基本戦略3　取れる問題を確実に

「全文を読んで解答する」と前述しましたが、忘れてはいけないのが制限時間です。もし**時間が迫っている場合には、文を挿入する問題を潔く飛ばし、空欄の前後だけで解答できるものを優先して解答**しましょう。600点を目指す人は、挿入問題の全4問中で3問、750点を目指す人は4問中2問を飛ばすことになっても、仕方ないと言えます。

　全問題に正解する必要はありません。限られた時間の中で、できるだけ多くの正解数を稼ぐことが大切です。

パート6が伸び悩んだときのチェックポイント

　長文ではありますが、挿入問題を除けば、パート5と同じ文法・意味問題です。したがって、求められる力もパート5とほぼ同じで

す。挿入問題は4問と決まっており、各長文につき1問出題されます。英語脳が求められています。

　パート6が伸び悩んだら、パート5と同じ次のことと、英語脳トレーニングができているかを確認してください。

- ・正解しなければいけない問題に、きちんと正解できているか
- ・基本文法項目の理解ができているか
- ・推測する粘りを持てているか
- ・潔くあきらめることができているか
- ・英語脳が作れているか

パート6でやるべき復習

　挿入問題で間違えたものは、なぜ間違えたのかを把握します。それ以外はパート5の復習を優先させてください。

パート6の復習をする週
目標スコア600点：文法問題集6〜9週（test3まで）、公式問題
集10〜11週
目標スコア750点：文法問題集5〜8週、公式問題集9〜10週
目標スコア900点：文法問題集3〜8週、公式問題集9週

パート7読解問題対策 ── 設問→問題文の順で解く

パート7の解答時間・正解数の目安（54問中）
- ・目標スコア600点：52分で37問
- ・目標スコア750点：55分で44問
- ・目標スコア900点：60分で50問

出題形式

問題数は54問。問題文の数は15で、そのうち後半の5つは「マルチプルパッセージ」といって、2つ、あるいは3つの文章を読んで解答する形式です。通常のシングルパッセージには各2〜4の設問が出題されます。マルチプルパッセージは各5問ずつで計25問。つまりQ175〜200で出題されます。

<例題>

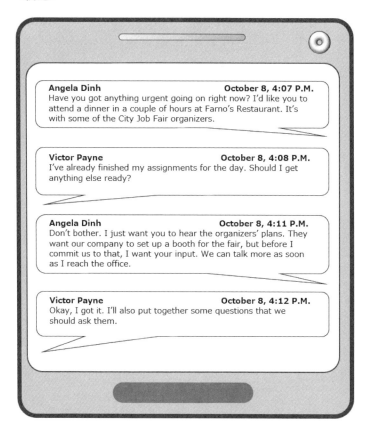

Angela Dinh　　　　　　　　October 8, 4:07 P.M.
Have you got anything urgent going on right now? I'd like you to attend a dinner in a couple of hours at Farno's Restaurant. It's with some of the City Job Fair organizers.

Victor Payne　　　　　　　　October 8, 4:08 P.M.
I've already finished my assignments for the day. Should I get anything else ready?

Angela Dinh　　　　　　　　October 8, 4:11 P.M.
Don't bother. I just want you to hear the organizers' plans. They want our company to set up a booth for the fair, but before I commit us to that, I want your input. We can talk more as soon as I reach the office.

Victor Payne　　　　　　　　October 8, 4:12 P.M.
Okay, I got it. I'll also put together some questions that we should ask them.

149. What does Victor Payne indicate that
     he has already done?
     (A) Researched a job fair
     (B) Made restaurant reservations
     (C) Created some questions
     (D) Completed his work*

150.At 4:11 P.M., what does Angela Dinh
     mean when she writes, "Don't bother"?
     (A) More preparation is unnecessary.*
     (B) Additional goals have been achieved.
     (C) She needs more time.
     (D) She wants to be alone.

Angela Dinh　10/8　PM4:07
今緊急でしなくちゃいけないことはある？ Farno's レストランでの
数時間の会食に参加してほしいと思っているの。City Job Fair の
主催者が何人かいるわ。

Victor Payne　10/8　PM4:08
今日の業務はすでに終わっているよ。何か準備すべきものはあ
る？

Angela Dinh　10/8　PM4:11
気にしないで。主催者の計画を聞いてきてほしいだけなの。彼ら
は当社にフェアでブースをセットしてほしいと思っているのだけれ
ど、決定する前にあなたの意見もほしいの。オフィスに到着次第、
続きを話すよ。

Victor Payne　10/8　PM4:12
わかった、了解。彼らに聞いておくべきこともまとめておくよ。

149. Victor Payne はすでに何を終わらせたと示唆していますか？
    (A)　Job Fair の調査
    (B)　レストランの予約
    (C)　質問の作成
    (D)　自分の仕事が終わったこと

150. 午後 4 時 11 分に Angela Dinh が "Don't bother" と書く
　　　際、何を意図していると考えられますか？
　　(A)　これ以上の準備は必要ない。
　　(B)　追加の目標が達成された。
　　(C)　彼女はさらに時間が必要である。
　　(D)　彼女は一人になりたい。

　いよいよ最終パートです。問題は決して難しくありません。敵は
時間と、そこからくる焦りです。日頃から英語脳トレーニングをと
おして速く正確に読む力を鍛えておけば、恐れることはありませ
ん。冷静に、緻密に、問題に向かっていきましょう。

パート7を解くための3つの基本戦略

基本戦略1　設問→問題文の順に読む

　パート7の解答スタイルを大別すると、こちらの2つが挙げられ
ます。

　スタイル1　先に問題文を読み、設問を解く
　スタイル2　設問を先に読み、問題文中に答えを探しにいく

　一般的には、かなりの英語力があり、リーディングセクションを
得点源にして930点以上を狙う人は、スタイル1の「先に問題文を
読み、設問を解く」でよいと思います。
　しかしほとんどの人はスタイル2の**「設問を先に読み、問題文中
に答えを探しにいく」のほうがやりやすい**と感じると思いますの
で、スタイル2について詳しく述べておきます。

**手順①　「Questions xx-xx refer to the following 〜〜〜」を確
認。これから読む文章が何か（広告、記事、メール等）を把握す**

る。これから読む文章が何かを把握しておきましょう。それだけで
本文の流れや概要が予測できることもあります。たとえば次のよう
なことが予測できます。

・メールは、冒頭に要件、締めには次のアクションについて書い
　てあることが多い
・お知らせ（notice）は、冒頭にイベントの内容、締めに申し込
　み方法について書いてあることが多い
・（マルチプルパッセージにおいて）広告とメールであれば、広
　告を読んだ人が注文のメールもしくは苦情を訴えるメールを出
　していることが多い

**手順②　最初の設問を読み、何の情報を探す必要があるかを把握す
る（もし最初の設問が全文にまたがるような問題なら、そのまま2
問目に進む）**。設問は1問ずつ解いていくのがおすすめです。最初
にすべての設問を読んだところで、最初の設問を解いているうちに
2問目以降の設問は忘れてしまうからです。設問を再度読み直すに
も時間が必要ですので、最初から1問ずつ解くようにしましょう。

　ただし、最初の設問が全文にまたがる情報を聞いている問題
（What is indicated about ～? など）なら、この設問は最後にまわす
のがおすすめ。なぜなら全体を読んでからのほうが時間をかけずに
解けるからです。

**手順③　答えが書いてありそうな該当箇所を、大意を取りながらの
速読で探す**。答えが書いてありそうな箇所を探すために、**ざっと大
意を取りながらスピーディに**読み進めます。1文ずつ丁寧に意味を
理解しようとすると時間が足りなくなります。スピードを重視して
大意を取りながら読むのがポイントです。

手順④　該当箇所と選択肢を丁寧に精読し、解答する。答えが書い

てありそうな該当箇所が見つかったら、今度はその箇所を**ゆっくり丁寧に精読**して、正確に意味を理解します。そして正解と思われる選択肢を選んでください。

なおパート3、4と同じく、本文と正解の選択肢の表現が異なっていることがよくあります。たとえば本文では「1 week」と書かれていたのが、選択肢では「7 days」となっていたり、「updated」（更新された）と書かれていたのが、「revised」（修正された）となっていたりしますので、気を付けましょう。

［図表 8-7］「設問→問題文から答えを探す」の順で解く

手順⑤　②～④の流れを1問ずつ進めていく。

　2問目以降も同じです。該当箇所を探すために大意を取りながら読む時は、念のため問題文の最初から、再度読むようにしましょう。

手順⑥　最初の設問が全体の意図を問う問題だった場合は、最後に解く。

基本戦略2　パッセージが複数でも解き方は同じ

　176番以降に出題されるマルチプルパッセージ問題でも、原則として解き方は同じです。つまり1問ずつ、大意を取りながら答えの根拠となる該当箇所を探し、該当箇所は精読して、緻密に解き進めるやり方です。

　マルチプルパッセージならではの特徴としては、答えの根拠が複数の英文にまたがる問題があることが挙げられます。

　とはいえ、**速く、正確に読む力をつけておけば、恐れることはありません。** 答えの根拠が複数の英文にまたがる問題も、出題されるのはせいぜい5問中1～2問です。600点を目指す人であれば、飛ばしてしまっても問題ありません。

基本戦略3　「NOT問題」は潔く飛ばす

　パート7の問題の中には、難問がいくつか含まれます。また、難問ではないものの、解答するのに時間がかかる問題もあります。**「もう少し考えたら解けそうだけど、すでに時間を結構使っているぞ」と自覚したら、潔く次の問題に進むようにしてください。**

　しかし、それなりの時間を使った挙げ句、諦めるのはやはり後味が悪いもの。時間がかかりそうな問題は、できれば考え始める前から避けておきたいところです。

　一見してわかる時間がかかりそうな問題は、いわゆる「NOT問題」です。

例）
What is NOT listed as part of the program?
- (A) A showing of a movie
- (B) Schedules of upcoming lectures
- (C) Passing out of refreshments
- (D) Distribution of information packages

何がプログラムの一部として示されていませんか?
- (A) 映画の上映
- (B) 予定されている講義のスケジュール
- (C) 軽食の提供
- (D) 情報パッケージの配布

メモなど、問題文の文字数が少ない問題で出題されるNOT問題なら、解いてもよいでしょう。しかし、新聞記事など問題文の文字数が多い上にNOT問題が出題されていたら、特に600点と750点を目指す人は避けましょう。解答するのに時間がかかります。

600点を目指す人は、このパート7で17問もの誤答をしてもいいのです。したがって、解答に時間がかかるNOT問題は回避してもOK。750点までを目指す人も、10問までは誤答が許されます。

また、NOT問題のほかに、**目的や概要を問う問題（What is the purpose of the article?など）も時間がかかりやすい**です。残り時間次第では、この問題も飛ばしてしまってよいでしょう。

確実に解答できる問題がパート7の後半にもたくさんあります。とにかく最後の問題までたどり着くことを最優先にしてください。

パート7が伸び悩んだ時の4つのチェックポイント

ポイント1　必要な単語と文法が身についているか

パート7では正確に英文を読む力が必須となります。そのための土台として単語力・文法力が欠かせません。

特に600点、750点を目指す人は、**単語力がそのまま正解数に直結します。**わからない単語を文脈から類推できるケースも確かにあります。ですがパート7は短い問題文も頻出し、情報量が少なすぎて類推できないこともあります。

そもそも知らない単語が多すぎると、文脈からの類推さえも難しくなります。TOEIC用の単語本を使い、目標スコアに応じてしっかり暗記しておきましょう。**600点、750点を目指す人で、試験対策のための時間が本当に限られている場合は、単語力をつけるだけでもパート7の正解数アップが期待できます。**

また、文の意味を正確に理解するための文法力も欠かせません。問題文はもちろん、設問や選択肢も、英文の意味が正確にわからないと確信を持って正解を選べないからです。

語彙力と文法力は長文読解の基本です。まずは基礎となるこの2つの力を徹底的に磨きましょう。

ポイント2　英語脳が作れているか

パート7は時間との戦いです。速読力が欠かせません。速読力とは、英語を英語のまま理解できる脳みそ、つまり第2部で説明した英語脳と同義です。英文を左から右へ、返り読みすることなくスラスラと、かつ正確に読む力は、英語脳トレーニングで身につきます。84頁からの英語脳のトレーニング方法を参考にして、まずは英語脳を作りましょう。パート7の細かい対策はその後です。

特に750点以上を目指す人は、高いレベルの英語脳を身につけないと目標の達成は難しいことを心してください。各設問の難易度はそれほど高くないとはいえ、挿入問題などは正確に英文を読めていないと正解はおぼつかないでしょう。

時間も限られていますから、正確さに加えてスピードも求められます。そのためには問題の数を闇雲にこなすよりも、基礎力として一定の英語脳トレーニングを積むことが近道です。「急がば回れ」です。

ポイント3　緻密に答えを選べているか

　パート7は時間との戦いです。とはいえ、時間に追われて選択肢をきちんと読まず、なんとなく感覚で解答するのは言語道断。設問を正確に理解し、問われていることについて問題文中に答えを探し出し、選択肢を精査して1つに絞り込む緻密さが重要なのです。

　テスト中に「時間がない！」と焦るのは、もっともです。しかし選択肢の精査をしないまま、なんとなく感覚で解答していては、正解を選び出せる確率は当然下がります。**選択肢を精査する時間を確保するために、先に英語脳を身につける**のだと思ってください。

ポイント4　潔くあきらめられているか

　ここまで何度も述べていますが、TOEICはさまざまな難易度の問題が出題されます。しかも難易度順に並んでいないのが厄介なところ。難しい問題（解くのに時間がかかりそうな問題）は早めにあきらめて、先に進む潔さが非常に大切なのです。「もう少し考えたら解けそうだけど、すでに時間を結構使ってるぞ」と自覚したら、いちばん「これっぽい」と思うものをマークして先を急ぎましょう。

　スコアは正解数の合計で算出されます。**難問に正解できたからといって、その分スコアが高くなるわけではありません。**確実に正解できる問題に時間を残せるよう、難易度の高い問題は潔く諦めて先に進みましょう（ただし、諦めた問題に後で戻ることは時間的にほぼ不可能ですので、何かしらマークをしてから進むこと。4択ですから25％の確率で当たります！）。

パート7でやるべき3つの復習

復習1　間違えた理由を分析する

　間違えた問題について、なぜ不正解の選択肢を選んだのか（なぜ不正解の選択肢が正しいと思ったのか）を分析します。

復習2　本文と選択肢の表現を比べる

　全問題について、本文のどこに答えが書いてあるのかを確認し、該当箇所にマーカーを入れる→本文と選択肢で表現が異なっていることを把握します。

復習3　苦手な分野の問題文を速読する

　目標スコア900点の人は、苦手な分野（新聞記事など）の問題文を中心に速読します。

パート7の復習をする週
・目標スコア600点：9〜10週
・目標スコア750点：9〜10週
・目標スコア900点：7〜9週

第IV部
本番力の養成方法

第9章 「本番力」で目標スコアを実現する

本番で100%の力を発揮するために

　ここまで基礎力と得点力という、スコアアップのベースとなる2つの力の身につけ方を説明してきました。

　3つめとなる最後の力は、本番力です。トレーニングをとおして培った基礎力や得点力を本番でいかんなく発揮する力、それが「本番力」です。「本番からの逆算思考」と「コンディション調整」の2つで構成されます。

　試験本番で力を発揮する方法まで重視するスクールや対策本は、あまり多くないかもしれません。しかしプレゼンスでは、**この本番力を非常に重要な力として位置づけています**。なぜなら基礎力や得点力は十分なのに、結果として目標スコアが取れなかったという例は、実は少なくないのが現状なのです。

　どんなに実力があって前評判が高いアスリートでも、本番の試合で100%勝てる保証はありません。本番でもっとも力を発揮できた人が、勝つのです。実力どおりのパフォーマンスをするために、どの選手も試合直前の調整を非常に大切にし、「練習どおりに試合でできるようにがんばります」などと話している様子をテレビで見たことがある人も多いと思います。

　本番で力を発揮することが非常に重要であるのは、TOEICでも同じです。軽視せず、この章もじっくりと読み進めてください。

「逆算思考」で足りていない力を強化する

　これまでの地道なトレーニングを経て、基礎力と得点力が身につきました。問題演習でも正解数が増え、今まで遠くに感じていた目標スコアの獲得が、現実的なものに感じられるようになってきたと思います。

　トレーニングをスタートしたときは「がんばるぞ」と決意したものの、多くの人が「本当に目標スコアを取れるのかな」という不安も持っていたことでしょう。ですが基礎力と得点力を養成した今なら、以前よりも問題が解きやすい、あるいは英文が理解しやすいといった手応えを感じられているのではないでしょうか。

　トレーニングをスタートした当初は足りない力のほうがずっと多かったため、たとえば単語暗記を2000語、問題演習を300問など、網羅的に積み上げていくだけも十分に効果がありました。

　ですが、さまざまな力がひととおり積み上がったこの段階では、**目標スコアを取るためにまだ足りていない力を、自分で探す必要があります**。そしてそのまだ足りていない力（＝目標スコアまでのギャップ）を埋めるトレーニングをすることが、本番からの逆算思考です。

　本番力の養成、すなわち本番からの逆算思考は、21頁からのスケジュールで示したとおり、こちらの週から始めるのが効果的です。

目標スコア600点：12週目

目標スコア750点：11週目

目標スコア900点：10週目

　本番力養成に移行するタイミングに違いがあるのは、基礎力と得点力を養成するために要する時間が違うからです。

　目標スコア600点の人は、積み上げなければいけない基礎力の量

（単語力や文法力）が多いので、必然的に基礎力養成のための時間が必要になります。一方、目標スコア900点のスケジュールに沿ってトレーニングする人、すなわち800点以上のスコアをすでに持っている人は、基礎力をはじめ、得点力の多くの部分をすでに身につけています。したがって、本番力の養成に移行するのが早いのです。

足りない力を補う3ステップ

では、本番力を養成する段階に入ったら具体的に何をやればいいのか、説明していきましょう。

ステップ1　パートごとのギャップを把握する

まずは、どのパートが特に対策が必要なのかを把握しましょう。

目標スコア600点、750点、900点のすべてのスケジュールで、本番力の養成に入る直前に、公式問題集を使った模試が組まれています。ここでの各パートの正解数を、こちらの表にあてはめてみてください（**図表9-1**）。

目標正解数とのギャップが、パートごとに一目瞭然ですね。**このギャップを、試験本番までの時間で一つひとつ埋めていくのです。**

なお丸で囲んである数字は、第3部で説明した目標正解数から1問増やしています。これは目標スコアよりもプラスαの力を培っておくことが理想だからです。それによって生まれる**心の余裕が、本番での緊張を和らげてくれます。**

自分の実力が600点レベルとトントンで、「絶対に力を発揮しなければ！」と本番で力んでしまうのと、自分の実力が目標プラスαのレベルになっていて、「普通にやれば、600点は取れるはず」と余裕を持ってテストに臨むのとでは、本番のパフォーマンスは、やはり変わります。

フィギュアスケートの羽生結弦選手をイメージしてみましょう。「4回転ジャンプをすべて完ぺきに成功させないと勝てない」とい

［図表9-1］　現状と目標の差をあぶり出す

		パート1	パート2	パート3	パート4	パート5	パート6	パート7
自分の正解数								
目標正解数	600点	4	⑲	㉙	㉑	21	10	㊳
	750点	5	㉑	㉜	㉔	24	13	㊺
	900点	6	23	㊲	28	㉘	15	(51)
目標正解数とのギャップ								

うメンタリティと、「万が一4回転を1つ失敗しても、ほかのジャンプやステップで得点をカバーできるから勝てる」というメンタリティ、どちらで試合に臨んだほうが力を発揮できると思いますか？

もちろん羽生選手本人にしかわかりえないことですが、心の余裕があったほうが、余分な力みがなく演技に臨めるように感じます。

それと同じことです。この本番力養成の段階で目安の正解数プラスαを目指してトレーニングしましょう。**「普通にやれば大丈夫」というメンタリティで試験会場に向かえるように、日頃のトレーニングを積んでおきましょう**。

ステップ2　ギャップが大きいパートの基本戦略を見直す

パートごとのギャップを把握したら、それを埋めるための戦略を練ります。このとき、目標正解数までもっとも大きなギャップがあるパートから、優先的にトレーニングしていきましょう。伸びしろがいちばん大きいため、少しのトレーニングでも正解数を増やせるからです。

「何のトレーニングをする必要があるのか」を把握するには、第3部で説明した内容が役に立ちます。どのパートにも**図表9-2**のページに「解答の基本戦略」と「伸び悩んだときのチェックポイント」について説明しています。それを確認し、自分ができていないことが何かを把握しましょう。

[図表 9-2] 「伸び悩んだときのチェックポイント」まとめ

パート1	パート2	パート3	パート4	パート5	パート6	パート7
126頁	134頁	146頁	146頁	159頁	167頁	175頁

たとえばパート2の正解数が著しく不足しているとします。解答の基本戦略として、130頁にこちらの4つが挙がっています。

基本戦略1　選択肢を聞いた瞬間に「○」「×」「キープ」判断
基本戦略2　問題文の冒頭の3〜5単語を確実に聞き取る
基本戦略3　音が似ている単語に飛びつかない
基本戦略4　やり取りとして自然ならOK

さらに伸び悩んだときのチェックポイントとして、こちらの4つが挙がっています。

ポイント1　問題文の冒頭3〜5単語を聞き取れているか
ポイント2　特殊な疑問文に、あわてずに反応できているか
ポイント3　決まり文句の知識が身についているか
ポイント4　聞き取れない時に開き直れているか

現在の自分の力、そして解答時の姿勢と照らし合わせた結果、「冒頭の単語、特に疑問詞があまり聞き取れていないな」

「音の引っかけに飛びついてしまっているな」

と判断できたとします。

　これが、**本番力養成段階で（テスト本番までの残りの日々で）強化していく中身**ということです。

　冒頭の聞き取りを強化する方法は、公式問題集を使ってパート2の冒頭部分のモノマネ音読をすることです。

　また、音の引っかけに飛びつかないようにするには、それだけを意識して演習を重ねることが効果的です。

　このようにして、やるべきことをひととおり書き出したら、本番までのスケジュールに落とし込む作業に移ります。

ステップ3　直前のスケジュールに落とし込む

　試験本番が近くなってきた今なら、当日までの自分の公私の予定が、ある程度わかっていると思います。

　いつ出張が入りそうか。その出張中はトレーニングができるのか。この週末は家族の用事で終日トレーニングするのが難しいかもしれない。この日なら有休を取って終日トレーニングに充ててもよさそうだ。

　このように、まずは自分の予定を整理しましょう。

　そして次の例を参考にして、どの日に、どの場所で（自宅か移動中かによってもできることがまったく異なります）、どのぐらい時間が取れそうかを考え、先ほどピックアップしたやるべきトレーニングをスケジュールに落とし込んでいきましょう。

　本番前こそ1分1秒が大切です。また「やるべきことはしっかりやった」とテスト当日に思えるように、これまで以上に綿密にスケジューリングしてください（**図表9-3**）。

	月	火	水	木	金	土
仕事/プライベート予定	→	大阪出張			歓送迎会（絶対2杯まで！）	午後と夜は勉強
パート1&2	パート2（聞こえないのを仕分ける）@移動中				@駅までの往復（歩きながら）	パート2の仕分けた分をモノマネ音読@自宅
パート3&4		英語脳の復習@ホテル	公式問題集マーカーを速読@移動中	公式問題集マーカーを速読@移動中	公式問題集マーカーを速読@移動中	設問を仕分け意味取り音読5回公式問題集@散歩
パート5&6	新しい問題(Test4)を時間内に解く@自宅		文法問題集Test1を解きなおす@自宅	文法問題集Test2を解きなおす@自宅		文法問題集Test3&4を解きなおす@自宅
パート7	公式問題集実施スケジュール作り					飛ばしていい問題を確認する@自宅
ボキャブラリー		単語の総復習不安なものは紙に@往復の新幹線		書き出したものを見返す@細切れ時間	書き出したものを見返す@細切れ時間	書き出したものを見返す@寝る前

　とはいえ、忙しい読者の皆さんなら、急な仕事などでスケジュールどおりにいかないこともあると思います（むしろあって当然でしょう）。したがって、最初からスケジュールを詰め込み過ぎるのではなく、ある程度の余裕を持たせることも大切です。具体例では、テストの2日前を「やり残しを集中的にやる日」として、ゆとりを持たせています。

コンディションが万全になる3つのポイント

　直前期にやるべきことに続いて、今度は直前期に意識してほしいことを述べます。それが本番力の2つめであるコンディション調整です。

　スポーツが好きな人なら、選手たちが「本番にピークを持っていく」と話すのを頻繁に耳にしたことがあると思います。心身のコンディションを本番当日に合わせるのは、一流のスポーツ選手でも、相当意識をしていることです。

　テスト当日に力を発揮するという意味で、直前期のコンディション調整が重要なのは私たちも同じ。二日酔いの状態でテストに臨ん

だら、頭痛でテストに集中しきれないというのは容易に想像ができると思います。二日酔いというのは少々極端ですが（二日酔いで頭痛を抱えたままテストを受けてしまう人は実際少なくないのですが！）、大切なテストに集中して、自分の力を最大に発揮するために、直前期はどのようなことに気をつけたらいいのか、3つに絞って説明しましょう。

ポイント1　常にTOEICを意識する

普段の行動は、その人の意識が支えています。「今晩は英語をやるぞ！」と本当に決めていれば、飲み会の誘いがあっても断るか、出席してもお酒を控えようと心がけるでしょう。あるいは、できるだけ早く仕事を終わらせて、飲み会が始まる前に30分でもトレーニングする人もいるかもしれません。

「本番で力を発揮する！」と意識できていれば、普段から本番を想定した、密度の濃いトレーニングができるようになったり、生活習慣も変わります。

たとえばこのようなことが挙げられます。

・常に時間を測って問題演習することを忘れない
・普段のトレーニングの時でもマークシートを使う（慣れておく）
・体調管理の徹底のために、うがい・手洗いを欠かさない

本番を常に意識することが、本番力養成の根幹なのです。

ポイント2　トラブルを全力で避ける

「テスト直前に、仕事でクレーム対応があったり、家族と些細な口論をしてしまったり、本番の試験で集中しきれずに終わってしまった」という声を、実際によく聞きます。

この場合、特に受動的な姿勢で臨むリスニングセクションにおいて大きな影響があります。リスニングの最中に、気になることをつ

い考えてしまうのです。

　ここまで、せっかく努力を積み上げてきたのです。当日、心身ともに万全のコンディションでテストを受けるために、事前にできることはやっておきましょう。

　たとえば前日や当日に仕事でトラブルが起きないように普段以上にケアをする。あるいはご家族と口論にならないように普段以上に優しく接する、などです。

ポイント3　TOEICのために体調を管理する

　最後に体調管理です。**体調を崩しそうな予感がしたら、計画の実行よりも休養が優先**です。

　直前期は、急カーブを描いて力が伸びます。ここで数日間寝込むことは、何としても避けたいところ。一晩ぐっすり眠ることで体調が回復するのであれば、そこは戦略として休養を取りましょう。

　ただし何度も繰り返しているとおり、**リスニングだけは、たとえ15分であっても、眠る前に必ずやりましょう。**英語を聞かない日を1日作ると感覚が鈍ってしまい、それを取り戻すのに3日かかると言われているからです。

　特に直前期にリスニングをしないということは、何があっても避けましょう。そこはケジメとして死守した上で、心置きなく休養するようにしてください。

第10章　実力を100%発揮するための テスト前日の過ごし方

テスト前日でも力は伸びる

　いよいよ明日はTOEICの本番。ここまでのトレーニングをがんばってきた人ほど、さまざまな思いが去来していると思います。

　通常の公式テストであれば（IPテストでなければ）、試験前日は土曜日です。一般的には休日として過ごす日だと思います。どのようなことに気をつけ、追い込みとして何をすればいいのでしょうか。

　前日にもっとも多くの時間をかけたいのが、リスニングとリーディング（英語脳トレーニング）です。英語を体に定着させるトレーニングなので、ギリギリまで力が伸びます。

　スポーツに例えるとわかりやすいかもしれません。ゴルフなら、半年ぶりにラウンドするのと、前日もラウンドをしたのとでは、クラブを振る時の感覚がまったく違うと思います。半年ぶりの場合、少なくとも最初の数ホールは感覚を取り戻すのに苦慮するのではないでしょうか。

　それと同じことです。**継続して、そして直前まで英語を体に定着させるようにしておくと、本番での聞きやすさや読みやすさに大きな違いがあるの**です。

　直前に読み聞きしたいのは、何と言っても**公式問題集**です。特にリスニングは本番のテストと同じナレーターが吹き込んでいるので、直前まで交流を深めておきましょう。

　反対に使ってはいけないものは、自分の英語力が不安になるようなものです。たとえば**CNNを聞いたり、字幕なしで映画を観たりといったことは厳禁**です。CNNや映画とTOEICでは、同じ英語で

も難易度がまったく違います。試験直前に新しい素材に触れることは、百害あって一利なし。これは肝に銘じてください。

リスニングやリーディングに優先して時間を使い、ほかには単語と文法問題の復習にやり残しがないことを確認したら、あとはリラックス。湯船につかりながら大声で歌でも歌って、早めに寝ましょう。

風呂上がりのビールほど美味しいものはありませんが、どうかほどほどにしてください。二日酔いはテスト当日のコンディションとしては最悪です。

テスト当日になったらやっておきたいこと

いよいよ決戦の日になりました。これまでの努力はすべて、この日に結果を残すためのもの。その努力が結実するかどうかは、当日の過ごし方も大きく影響します。テストまでの時間でやっておきたいことはこちらです。

・朝からリスニング。テスト開始ギリギリまで続ける（1.2倍速で）
・リスニングした範囲をリーディング（速読）
・単語の最終チェック
・文法問題を数問解いておく

まずは朝からリスニングです。家族にも協力してもらい、日本語はできるだけ耳に入れないようにしましょう。とにかく英語脳にするのです。

聞くのは、これまで使い続けてきた公式問題集がおすすめです。**1.2倍速程度に速度を速めて聞いてください。すると本番の英語がゆっくり聞こえるという効果があります。**

前日の注意点と同じく、新しい教材を使うのは言語道断です。メンタルを安定させることが最重要。また、リスニングした範囲はリ

ーディング（速読）もしておきましょう。

あとは単語の最終チェックと、文法問題を数問解いて（新しいものではなく、これまでの復習！）、「選択肢→空所の前後→必要なら全文を読む」という解答プロセスを確認しておきましょう。

多くの場合、試験会場は初めて行く場所だと思います。道に迷って焦ったりしないように、時間に余裕を持って家を出ましょう。

テスト会場の最寄りの駅からは、多くの受験生が目に入ると思います。徐々に緊張感も高まってきますが、それがテストの楽しさでもあります。周りの人のことは気にせず、リスニングしながら胸を張って試験会場に向かいましょう。**「普通にやれば目標スコアは取れるから大丈夫」と自分自身に言い聞かせながら、リスニングはギリギリまで続けましょう。**

テスト開始時間の13時が近づくにつれ、多少は緊張するかもしれません。ですが緊張するというのは、これまでがんばってきたという何よりの証拠でもあります！　大人になって、仕事以外で緊張感を味わえるというのも素晴らしいことです。「ずっと頑張ってきたんだから、緊張するのが当たり前」と受け入れましょう。

大丈夫です。これまで自分の体に繰り返し、繰り返し定着させてきた英語が、本番でも働いてくれます。培ってきた基礎力、得点力、本番力は、裏切りません。やるべきはただ、無心で答案に向かうこと。目をつむって大きく深呼吸。そして心に余裕を持って、試験開始を迎えましょう。

試験中に冷静でいるための２つのポイント

前述したとおり、持っている力が同程度であっても結果としてスコアが大きく異なるというのは、よくあることです。本番の2時間をいかに戦い抜くことができるかにかかっています。

こちらの2点を参考にして、自分の力を最大限に発揮してください。

ポイント1　トラブルやアクシデントを受け入れる

　いざ、試験開始。まずはリスニングです。

　ここで起こりうるトラブルは、周囲の受験生が無意識に発する物音です。試験用紙を乱暴にめくる音や、咳やくしゃみが、その最たるもの。あるいは後ろの人が独り言をつぶやいていたり、隣の席の人の足癖が異常に気になったりと、集中を阻害しうる要素はいくらでもあります。

　ですが試験が始まった以上は、こういった不可抗力にイライラしたほうが負けです。周りの責任にはできません。いつもどおり、やってきたとおりにやれば、スコアは取れます。**完璧な環境で試験を受けられることなど、そもそもありえないのだ**と、初めから割り切っていたほうがいいかもしれません。

　泰然と構えて、与えられた環境でベストを尽くすことができるのが、最後に目標スコアを獲得できるプロなのです。

ポイント2　完璧を目指さない

　途中でわからない問題があっても、気にしたり精神的に引きずったりする必要は一切ありません。

　特に900点を目標にしている人。パート1で自信がない問題に遭遇し、焦りを最後まで引きずってしまい、結果的にスコアが伸びなかったというケースは少なくありません。

　TOEICでは、わずかですが超難問が出題されます。**自分が身につけてきた英語力をもってしてもわからない問題は、解けなくてもいい問題なのです。**そう割り切りましょう。900点を目指す人であっても、解けなくてもいい問題というのは数問出題されるのです。

　わからない問題があっても「全問に正解する必要はない！」と言い聞かせて、すぐに次の問題に集中する。これを意識的にしましょう。

　試験中は以上の2点に注意を払い、あとはこれまでやってきた自

分のトレーニングを信じましょう。**「自分はこれだけ頑張ってきたんだ。目標が達成できないはずがない」と言い聞かせる。それでもわからない、解けない問題は、潔く飛ばす**。これができれば、実力どおりの力を発揮できることでしょう。

　試験当日にこのような落ち着いたメンタリティでいられるためにも、普段のトレーニングの積み重ねがもっとも大切なのは言うまでもありません。次からの最後の第5部では、どうすれば忙しい社会人でも毎日のトレーニングを続けられるのか、そのコツとあわせて、スケジュール作成のポイントを詳しく説明します。

第Ⅴ部
3カ月のスケジュール

第11章　予定変更があっても
続けられるスケジュール術

「完全仕組み化」で、もう挫折しない

　ここまでトレーニングの順番と目的、そして正しいやり方を中心に説明を進めてきました。

「どんな順番で」「何を目的に」「何を」「どのように」やるのかがわかったら、あとは実行です。これまで述べたトレーニングを皆さんの生活にどのように取り入れて仕組み化すればいいのか、具体的に示していきます。

　トレーニングの目安時間は、**週12時間**です。この時間を平日と休日（ここでは週末の土日とします）で配分します。仕事をしている人であれば、次のような時間配分が現実的ではないでしょうか。

具体的なトレーニング時間
　・平日：1時間30分×5日
　・週末：2時間15分×2日
　　合計：週12時間

「12時間かぁ」と思わずため息がもれたかもしれませんね。プレゼンスの受講生も、最初は皆さんが同じ反応を示します（ちなみにプレゼンスは2カ月間で終了するコースのため、週のトレーニング時間は15時間以上が目安です）。

　ですが、このトレーニング時間は必ずしも机の前に座ってやるものではないため、移動時間などを有効に使うことで「どうにかできますね」という反応に変わっていきます。

なぜなら、**「何を」「いつ」「どこで」「何分かけて」やるのかを、事前のスケジューリングによって完全に決めておく**からです。やることがあらかじめ決まっていると、自然と「やろう」と思えます。それこそが完全な仕組み化です。

　これまで「トレーニングを始めても、いつも3日坊主」だった人は多いと思います。「明日から早く起きて頑張るぞ」と決意して眠りについても、朝目覚めた時に「あれ、早起きして何を頑張ろうとしたんだっけ?」と一瞬でも思うと「まあいいや」となり、そのまま二度寝したことが何度もあるコーチもいます。

　でも、次のように「やること」と「なぜ今やるのか」が明確に決まっていたらどうでしょうか。

「出かける前の10分で昨日覚えた単語を復習しよう。朝のうちにやっておかないと、70%以上忘れてしまうのでもったいない。今朝のトレーニングは単語の復習だけでOK」

　歯を磨くための5分、着替えるための5分と同じように、やるべきことと所要時間、さらにやる目的まで明確になっているからこそ、やろうと思えるのです。いや、「やろう」などと考えずに、自然と「やれてしまう」のです。

　朝の歯磨きは、ほとんどの人がすでに習慣になっていて、やり方もわかっています。だから何も考えることなく、起きてすぐ洗面台に向かって歯を磨くことができます。トレーニングも、同じように日常に組み込むのです。

完全仕組み化スケジュール術　3原則と11のルール

　ここから、プレゼンス式のスケジュール術を大公開します。繰り返しますが、**スケジューリングの目的は、日々のやるべきことを可視化することで、自然と「やろう」と思える状態を作ること**。その意味では**挫折しないための仕組み作り**とも言えます。

　これまでスケジューリングをやったことがなかった人も、ぜひ参

考にして、実際にやってみてください。完全仕組み化されたスケジューリングの威力を実感するはずです。

　プレゼンス式スケジューリングの3つの原則は、こちらです。

　原則1　やること・やる時間・やる場所まで完全仕組み化する
　原則2　すき間時間の徹底活用──日々の行動とひもづける
　原則3　リスケも仕組み化・ルール化する

　スケジューリングする時には、「何を」「いつ」「どこで」やるのかを考慮に入れます（原則1）。さらに日中に転がっているすき間時間もフル活用します（原則2）。たとえば駅まで歩く時間や、ひと駅だけの移動時間、ランチの待ち時間など、こういった細切れの時間もスケジュールに組み込むのです。

　とはいえ、どんなに仕組み化されたスケジュールを作っても、不測の事態でスケジュールどおりにできないことも当然あります。プレゼンス式スケジューリングではそれも想定内です。どのようにリスケすればいいのかをお伝えします（原則3）。

　ではここから、それぞれの原則に基づいて、スケジューリングの時に皆さんに守っていただきたい11のルールを順番に説明していきましょう。

原則1　やること・やる時間・やる場所まで完全仕組み化する

ルール1　目標は「週12時間のトレーニングをやりきる」

「TOEICで750点を取る！」。

　多くの人が、こういったゴールを念頭にトレーニングを始めると思います。もちろん素晴らしいゴールですが、このゴールに向けて何をやればいいのかが見えにくいのが難点。最初の1、2日はテンション高く勢いでトレーニングできますが、ほとんどの場合、やる気はどんどん失われていきます。

ではどうすればいいのか。

　大きなゴールに到達するためには、目に見えやすい小さなゴールに細分化し、それを一つひとつクリアしていく。そんな姿勢でのぞむのがおすすめです。

　今回のトレーニングでは「3カ月後のTOEICで150点アップを達成する」というのが最終ゴールです。そこに向けたいくつかの小さい目標を設定します。本書では次の3つのステップに沿って力をつけていきますが、それぞれの時期に合ったおすすめの目標はこちらです。

　　ステップ1：基礎力の養成期→トレーニングの習慣をつける
　　ステップ2：得点力の養成→中だるみを防ぎ、トレーニングを継
　　　　　　　　続する
　　ステップ3：本番力の養成→体調管理をして本番まで走りきる

　これをさらに1週間単位、そして1日単位に区切って、やるべきことを定め、小さな目標設定にしていきます（**図表11-1**）。

　先ほど「1日1時間30分」ではなく「週12時間」とお伝えしている点にも注目してください。忙しいビジネスパーソンには、どうしても避けられない仕事が飛び込むこともあります。

　それでも10分でもいいから継続してほしいトレーニングもありますが、その日は1日単位の小さな目標がクリアできなかったとしても、全体のトレーニング量として週12時間を確保することを意識してください。そうすることで、より継続しやすく、言い換えれば挫折しにくくなります。

　週ごと、日ごとの具体的なスケジュールは後ほど示します。レシピどおりに料理を作るように、まずはスケジュールどおり、やってみることをおすすめします。

　もしそのとおりできなかった場合には（むしろ急な用事などで、できないケースのほうが多いと思います）、先に述べたとおり、1週

間の予定の中で帳尻を合わせるのがコツです。

[図表 11-1]　大きな目標は日単位の目標に分割する

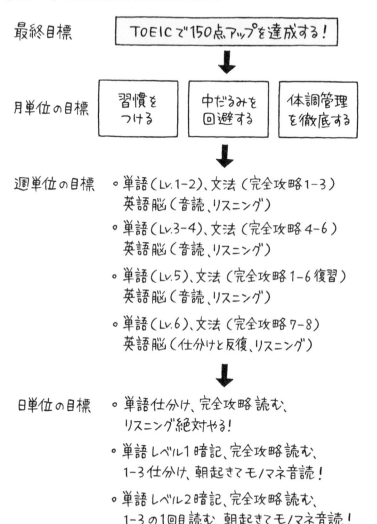

最終目標　TOEICで150点アップを達成する！

月単位の目標　習慣をつける　中だるみを回避する　体調管理を徹底する

週単位の目標
- 単語（Lv.1-2）、文法（完全攻略1-3）英語脳（音読、リスニング）
- 単語（Lv.3-4）、文法（完全攻略4-6）英語脳（音読、リスニング）
- 単語（Lv.5）、文法（完全攻略1-6復習）英語脳（音読、リスニング）
- 単語（Lv.6）、文法（完全攻略7-8）英語脳（仕分けと反復、リスニング）

日単位の目標
- 単語仕分け、完全攻略読む、リスニング絶対やる！
- 単語レベル1暗記、完全攻略読む、1-3仕分け、朝起きてモノマネ音読！
- 単語レベル2暗記、完全攻略読む、1-3の1回目読む、朝起きてモノマネ音読！

　平日が忙しい週なら、土日に頑張る。反対に、週末に仕事やプライベートの楽しい予定がある場合には、平日は毎朝30分早く起きたり、飲み会の回数を減らしたりするなどしてトレーニングに充て

る。この「1週間プログラム」を12回積み重ねていくことで、2カ月、3カ月後のゴールに近づいていくのです。

「1週間やりきる!」を目の前の目標にして、それがクリアできたら翌週、またクリアできたら翌週、とポイントを貯めていくように、経験値を貯めていきましょう。目の前のポイントを貯めているうちに、気づいたら大きなご褒美が待っています。

ルール2 「何を」「いつ」「どこで」「何分かけて」まで決める

皆さんは日々の仕事のスケジューリングの際、どのようなことを頭に置きながら予定を組むでしょうか。もしかすると無意識にやっているかもしれませんが、次のようなことを考えて、スケジューリングをしているはずです。

- ・何について、誰と話をするのか
- ・いつ、何時に、話をするのか
- ・どこで、話をするのか(客先か? 社内ならどの会議室か?)
- ・何分かけてミーティングをするのか。その後のアポに向けて移動時間は確保できるか

実は、トレーニングのスケジューリングも、これとまったく同じです。この4つの要素が考慮されていないスケジューリングは、必ずどこかで破綻します。トレーニングのスケジューリングをする時、「何を」「いつ」までを考える人は多いのですが、**「どこで」「何分かけるのか」までは、あまり考慮に入れていません。**

しかし「どこで」が抜けた仕事のスケジュールは、ありえません。ミーティングをするにあたって、会議室の確保は必ずすることです(フリースペースがある会社も多いですが、少なくともフリースペースでするという選択肢はスケジューリングの時に念頭にあるはずです)。

「何分かけて」も当然考慮します。ミーティング時間や移動時間が

30分なのか、2時間なのかが考慮されていないと、必ず無理が生じるか、誰かに迷惑がかかることになるからです（**図表11-2**）。

[図表 11-2] トレーニングのスケジューリングは仕事と同じ要領で

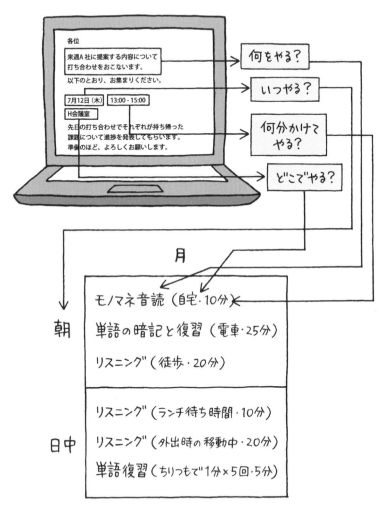

このように、スケジュールの中身が絵に描いた餅にならないようにするためにも、「どこで」「何分かけてやるのか」も含めて考えるようにすることがとても大切です。**スケジューリングの成否がここ**

で決まるのです。

　非常に重要なルールなので、単語の暗記をもとに「何を」「いつ」「どこで」「何分かけて」の4要素を押さえたスケジューリングの具体例を示しておきましょう。

[図表11-3]　250語の暗記も予定に組み込めば楽勝

- 250単語を1週間で覚える
- 暗記の目安は50単語で15分（41頁）
- 復習を3回やる（暗記から12時間、24時間、48時間後）（44頁）

	月	火	水	木	金	土	日
朝	50単語暗記	50単語暗記	50単語暗記	50単語暗記	50単語暗記		全体の復習
	電車/15分	電車/15分	電車/15分	電車/15分	電車/15分		自宅/30分
昼		前日分の復習	前日、前々分の復習	前日、前々日分の復習	前日、前々日分の復習		
		ランチ/10分	ランチ/10分	ランチ/10分	ランチ/10分	外出時/10分	
夜	朝の復習	朝の復習	朝の復習	朝の復習	朝の復習		
	電車/10分	電車/10分	電車/10分	電車/10分	電車/10分		

　ある週で覚える単語のうち、最初の仕分けによってチェックを入れた単語の数が、250語だとします。「そんなに？」と愕然とする量に見えるかもしれません。しかし250語を「何を」「いつ」「どこで」「何分かけて」を考慮してスケジュールに落とすと、全体が見えます。すると「これならできそう」と思えてきませんか？（**図表11-3**）

　このように「何分かけてやる」とあらかじめ時間を設定することで、集中力が大きく変わるという効果もあります。

　巻末に「プレゼンス式週間スケジューリングシート」を付けてい

ます。本書で紹介したステップごとに分けていますので、あとは空欄を埋めていくだけで実現可能性の高いスケジュールができ上がります。ぜひ活用してください。

ルール3 「いつもの習慣」にトレーニングを組み込む

スケジューリングにあたって、「どこで」を考慮するのは非常に大切です。なぜなら、私たちの行動は実はもうすでにある程度習慣化されているからです。

いつもの習慣に、さらにTOEICのトレーニングという新しい習慣を加えていくことは、思いのほか負荷がかかります。だから、いつもの習慣の中にトレーニングを入れてしまえばいいのです。

たとえば、朝会社に行く時の電車に乗る習慣に単語暗記のトレーニングを組み込む。そうすれば、いつもの習慣の中に、自然とトレーニングがなじみます。その分、新しい習慣をつける必要がなくなるのです。**「どこで」やるかを決めるというのは、いつもの習慣にトレーニングを組み込んでいくという、継続しやすい考え方**なのです。

もちろん、「朝、出勤前にカフェに行って文法の教材を読む」など新しい習慣が増えることもあります。しかし、それも会社や自宅の最寄り駅のカフェなど、日々の動線の延長線上でできるよう、つまり**「ちょっと立ち寄れる場所」でやれば、習慣がガラリと変わることもなく、ストレスなく続けられます。**

もうひとつ、「どこで」を決めることが大事なのは、トレーニングというのは机に向かうだけでなく、通勤電車の中など、あらゆる場所でできることだからです。

どこでもできるということは、意識しないとやることを忘れてしまう可能性もある、ということ。電車の中でできるトレーニングがあるのに、ついうっかりスマホでゲームをしてしまった。こうなると、せっかく毎日決まった時間に確実にトレーニングできる場所があるのに、もったいないと思いませんか。

挫折のしようがない場を有効活用するためにも、「どこで」を決めておくことが重要なのです。

ルール4 「机に向かってやること」と「机でやらなくていいこと」を仕分けする

前述したとおり、トレーニングの中には移動中の電車や歩きながらできるものがたくさんあります。スケジューリングをするにあたっては、まずその週にやる各トレーニング（やること）を**「机系」**と**「移動系」に分ける**ことから始めるのがよいでしょう。

机系とは、机に向かってやること。自宅に限らずカフェなどの机（テーブル）でやることも、机系に含みます。移動系とは、歩きながらや電車の中など、文字どおり移動しながらやることです。

机系の例
・文法問題を解く
・英語脳トレーニングの事前準備
・英語脳トレーニングの音読

移動系の例
・単語の暗記や復習
・文法教材を通読する
・英語脳トレーニングのリスニング

仕分けをしたら、移動系は平日に、机系は休日に集中させます。移動系のトレーニングはさらに、電車移動中と、歩行中の2つに分けることができます。

第5部から読んでいる人は「え、歩いているときも英語のトレーニング？」と驚いたかもしれませんが、本書で紹介した方法であれば、歩きながらやれることがたくさんあります。

むしろ、机に向かってやるよりも、歩きながらのほうが頭にスッ

と入っていくものも多いので、歩行中は効率よくトレーニングできる絶好のタイミングです。週12時間の確保が難しいと思った人は、こうした時間も貴重です。しっかりトレーニングに組み込んでいきましょう。

　このように、**その週のやるべきことを机系と移動系に分け、移動系なら平日の通勤時、机系なら休日などに割り振るだけで、スケジューリングの半分以上が終わります**。あとはそれらを、第2部を参考に「何分かけて」やるのかを見積もって、スケジュールを埋めていくだけです。

ルール5　時間が取れない日もリスニングだけは続ける

　ビジネスパーソンであれば、3カ月のトレーニング期間中、出張や繁忙期などで時間の確保がどうしても難しい時期も、当然あると思います。あるいは体調不良などで「今日はトレーニング無理！」という日もあるでしょう。

　そんなときでも**可能な限り継続したいのは、リスニングです。五感に定着させていくものは、毎日継続してやることこそが最速で身につけるための鉄則**。1日やらないと取り戻すのに3日かかるというのは、第2部で述べたとおりです。

　ダイエットと同じです。日頃せっかく頑張って食事制限をしても、炭水化物や甘いもの、脂っこいものを1日ドカ食いしてしまうと、戻すのに数日かかります。リスニングには体重計がありません。数字で測れないのでつい油断してしまいがちですが、1日やらない日があると、明らかに退化します。単語が聞き取りにくい、英文の意味を取りにくいと感じてしまうのです。

　仕事が忙しいときでも移動はすると思います。どんなに忙しい日でも、歩きながら、あるいは電車での移動時間中は、リスニングをスケジュールに入れてください。**「どこで」を決めておけば、どんなに多忙な人でも、「この場所にいるときだけはやろう」とふんばれる**はずです。

この小さなふんばりこそが、やがて「やらないと気持ち悪い」という習慣化につながる第一歩です。言いかえれば、小さなふんばりは、誰もが経験することでもあります。ここをちょっとふんばって乗り越えることで、大きな飛躍、大きな成長につながるのです。「忙しくても続けたぞ。だから明日もやろう」と思い続けることには、大きな価値があります。決めたことを毎日やる、というプロセスを重視しましょう。

原則2　すき間時間の徹底活用 ── 日々の行動とひもづける

ルール6　5分単位のすき間時間をかき集める

「ただでさえ忙しいのに、平日に1時間30分もトレーニングするなんて無理」

　最初は多くの人が、そのように感じたと思います。ですが、英語のトレーニングといっても、机の前でやるわけではなく、すき間時間を有効に使えばOKと知り、「なんとなくできそうかも」とだんだん思えてきたのではないでしょうか。

　実際、本書でお伝えしてきたトレーニングは、机に向かってやらなければいけないものはあまり多くありません。英語脳の事前準備と、文法や公式問題集の実施、そして音読ぐらいです。

　事前準備や問題集は休日に集中してやればいいので、必ず机に向かわないと（自室でやらないと）いけないトレーニングは、平日は英語脳トレーニングの1〜2週目にやる音読ぐらいです。

　平日の自室以外のトレーニングは、あらゆるすき間時間を使いましょう。通勤で駅まで歩きながら、電車の中、ランチの待ち時間、得意先への移動中、飲み会が始まるまでの時間など、**5分単位で考えると、細切れのすき間時間は日常にたくさん転がっています。**これらの時間をフル活用して**「5分も積もれば1時間30分となる」**作戦でいきましょう。

　朝の通勤時は最寄り駅までの徒歩、電車の待ち時間、電車に乗っ

ている時間を使えば、これだけで1時間近い時間を確保できる人も少なくないでしょう。

　あとは日中に転がっている5分のすき間時間（ランチの待ち時間、エレベーターの移動中、タバコ休憩やコーヒーブレイクの時間など）をかき集めれば、残りの30分を確保することはそれほど難しくないと思います。

　すき間時間というのも、言いかえればあなたの生活の中に「すでにある時間」です。「すでにあるものを活用する」ことで無理なく継続・習慣化してしまうのが、プレゼンス式スケジューリングのコツです。

　トレーニングを始めたばかりの頃は、気合も入っているので「明日の朝いつもより1時間早く起きてやるぞ」などと無理をしがちです。でもそれでは、普段から忙しくて睡眠時間が少ないという人であれば、きっと挫折します。無理して早く起きる1時間を、「5分のすき間時間を、今の生活から捻出できないか」と考えることが重要です。

ルール7　すき間時間を毎日のスケジュールに組み込む

　毎日過密スケジュールで動いているビジネスパーソンでも、「そういえば何をしていたか思い出せない5分」はたくさん転がっています。こうした日常生活のすき間時間を見える化して徹底活用しましょう。

　1回は5分程度でも、6コマでもう30分です。次のような時間を使えば、通勤時間と合わせて1日1時間30分は、何とかなりそうな気がしませんか？

　具体例を挙げましょう。

日常生活に転がっている、5分のすき間時間
　□駅で電車を待つ時間（単語の確認）
　□客先への移動時間（リスニング）

□次の打ち合わせまでの待ち時間（単語の確認）
□ランチやコーヒーの待ち時間（単語の確認）
□喫煙休憩中（単語の確認）
□クリニックや病院での待ち時間（単語の確認）
□友人との待ち合わせ前の、ちょっとした時間（単語の確認）
□洗濯物を干す時間（リスニング）

ほかに、5分未満ですがこんな時間も意外と使えます。

□エレベーターを待つ時間
□長いエスカレーターに乗っている時間
□信号待ちの30秒
□外出先でのトイレの待ち時間（女性）
□幼い子どもが、玄関で靴を履くのを待っている時間（子育て中の人）

　これらはすべて、プレゼンスの受講生が実際にやっているすき間時間の活用例です。多くの人にとっては、普段は何気なくスマホを見ている時間ではないでしょうか。iPhoneでは「スクリーンタイム」を参照すれば、毎日何時間、何のアプリを見ていたかがすべてわかるようになりました（iOS12以降）。AndroidでもActionDashなどのアプリを使えばスクリーンタイムがわかります。こういったツールを使い、「特にやらなくてもいいこと」を（すべてとは言いませんので、何度かを）トレーニングに充てるだけで、平日の1日1時間30分は十分実現が可能になります。
　これら「5分のすき間時間」も、あらかじめスケジュールに組み込んでおくのがスケジューリングのコツです。

「そういえば何をしていたか思い出せない」
「そういえばスマホを見ていただけかもしれない」

これまで有効活用できていなかったあなたの時間をトレーニングに充てることで、今までと生活リズムを大きく変えることなく、自然とトレーニングが継続できる。しかも、時間を有効に使っているという満足感もあり、日々「やったぞ！」という小さな達成感も得られる。それが5分のすき間時間活用のメリットなのです。

ルール8　即スタートできるようツールを準備する

　すき間時間を有効活用するためのポイントは、予定に組みこむことと、もう1点あります。

　それは、**サッと取り出せるトレーニングツールを事前に準備しておき、取り出しやすいところに入れておく**ことです。つまり、即スタートできるようにしておくこと。これだけで、時間の使い方、トレーニングの効率化、さらには日々のモチベーションも、大きく変わります。

　英語脳の教材（該当箇所をコピーしたもの）はもちろん、**未定着の単語を紙に書いて持ち歩く**。男性なら胸ポケットに、女性ならバッグの小さいポケット（内ポケットではなく、取り出しやすい外ポケットに入れておくと、さらに気持ちのハードルが下がります）にいつも入れておくと、わずか数分の時間でも有効に使うことができます。

　未定着の単語をエクセルに入力し、ちょっと空いた時間にスマホを使って復習、という例もよく聞きます。ほかにもアプリのEvernoteを使っている人も多いです。パソコンとスマホの両方からアクセスできるため、同僚との雑談中に拾った単語をすぐにパソコンで入力して、帰りの電車でスマホを使って復習するなど、効果的に使っているようです。

　ちなみにあるコーチの経験談を暴露すると、スマホで復習しようした時に思わずほかのアプリやメールを見てしまい、結局復習しなかったということがよくありました。結果、復習したいことはスマ

ホではなく紙に書いて持ち歩くというのが、自分なりのツールになりました。

　もちろんスマホのほうが復習しやすいという人も多いと思いますので、自分なりのトレーニングツールを持ち、ちょっとした空き時間を有効利用してください。誘惑の多いアプリはフォルダに入れて、トレーニングに使うアプリだけスマホのホーム画面のタップしやすい場所に置いているという人もいます。

　ひと駅だけの移動中など、ほんの数分の空き時間は誰にでもあるはず。そのときに、胸ポケットなどからサッと取り出せるトレーニングツールを使って復習をするか、「ほんの数分だし、単語本をカバンから出すのが面倒だ」などと自分につい言い訳をして、何もやらずに数分を過ごすのか。

　ちりつも効果で、**1カ月後には大きな差となって表れます**。日中のすき間時間を有効活用するために、これらのものは朝必ず持って、出かけるようにしてください。

・英語脳教材の音声と、トレーニング箇所をコピーしたもの
・イヤホン（首にかけられるタイプがおすすめ）
・紙に書き出した復習用の単語
※コピーしたものや復習用の紙は、胸ポケットやバッグの外ポケットなど、0.5秒で取り出せる場所に入れておくこと！

原則3　リスケも仕組み化・ルール化する

ルール9　リスケに罪悪感を持たない

　スケジューリングの重要性とルールについて説明してきましたが、どんなに優れたスケジュールを作っても、仕事の急な接待やトラブルなどで、予定していたトレーニング時間が確保できないことは誰にでも起こり得ます。

　あるいは電車で単語を覚えようと思っていたのに、うっかり寝て

しまったというのも、誰にでもあります。日々忙しく仕事をしている人なら仕方のないことです。

　仕事や家族のことなど、自分の都合だけで時間をコントロールできないのが大人の宿命です。したがって、**自分ではどうしようもない出来事によって予定していたことができなかった時、罪悪感を持つ必要はありません。**「やっぱり自分はダメなんだ」などという気持ちは一切持たず、できなかったことを「じゃあ、いつやろうか？」とすぐに気持ちを切り替えればよいのです。

　大雪で電車が止まってしまい、予定していたアポに行けない場合、罪悪感を持つ人はいないでしょう。「では、いつにリスケしましょうか？」と何のためらいもなく相手方と相談できると思います。

　自分ではどうしようもない出来事が原因なら、仕事のアポだろうとトレーニングだろうと、同じことです。予定していたことができなかった場合、それは意思が弱いからではありません。必要なのは「もっと強い意思を持たないと！」と反省することではなく、ちょっとした気持ちの切り替えだけなのです。

ルール10　その日のうちにリスケ

　とはいえ、「今日やろうと思っていたことが急な用事でできない！」という誰にでも起こる事態をきっかけに、成否が分かれていくのも事実です。

　急な用事が入った場合、予定していたトレーニングをいつにリスケするのかを、その日のうちに決める。これが大切です。小さなことですが、大きなポイントです。この些細なことを守れる人が、ゴールに到達すると言っても過言ではありません（**図表11-4**）。

　やるべきことをやれずに、リスケもせずに、そのまま寝てしまったら、翌日、「昨日もできなかったし、今日もまぁ、いいか」という悪魔のささやきが聞こえてくるのは間違いありません。そうすると、どんどんなぁなぁになっていきます。「まぁいいか」という悪魔からのささやきが雪崩のように襲ってくるのを塞き止める、その

最後の砦になるのが、その日のうちにリスケなのです。

　これは自分へのけじめです。今日できなかった分を早めに挽回するためにも、できなかった分をいつやるのか、明日朝一番なのか、それともお昼休みなのか。何はともあれ、それを決めてから眠りにつきましょう。

　また、**リスケ先はその週の中で設定する**ようにしてください。トレーニングできなかった日が週の後半であれば、リスケ先は3日以内にすること。借りたものの返済は早いに越したことはありません。

　リスケを考えるのは2〜3分もあればできます。土俵際の2〜3分のふんばりが、明日からの逆転勝利につながるのです。そのまま簡単に寄り切られないように、粘りにこだわりましょう。こんな些細なことが、最終的な成否を分けるのです。

ルール11　「やらない日」を決める

　一方、「予定外のことが自分は比較的よく起こる」ということを、あらかじめ自覚できている人も多いでしょう。子育て中の人などは、物事が予定どおりに進む日のほうが少ないはず。その場合、スケジュールがどんどん後ろ倒しになり、しまいにはリスケ先がなくなるという事態も容易に想像できます。

　そういう人は、トレーニングをやらない日をあらかじめ作っておくことをお勧めします（とはいえ、やらない日でも移動中のリスニングだけは死守です）。

　もちろんやらない日を作る分、しわ寄せとしてほかの6日間のトレーニング時間が少し多くなりますが、それでもやらない日の1時間30分を残り6日で配分すれば、1日15分のプラスで済みます。

　たとえば金曜日を「やらない日」とします。その分、金曜日以外の日は15分ずつをプラスし、トレーニング時間を1時間45分とします。

　そうすれば月曜日から木曜日の間に不測の事態が起こってリスケせざるを得なくなった場合でも、リスケ先を金曜日にすれば済みます。もちろん月曜から木曜まで順調にトレーニングを進められれ

ば、金曜日は（移動中にリスニングをしながら）心置きなく飲みに
出かけてください。

基礎力の週間スケジュール例

　ここからステップごとにスケジュールを立てる上での注意点を示
していきます。　なおここに示す**各トレーニングの時間は目的やゴー
ルではなく、それぞれのトレーニングをするための目安**です。目
的はあくまでも「TOEICのスコアを上げること」「そのために必要
な中身を身につけること」です。現在の英語力や普段英語を使う環
境によっても、身につけるまでにかかる時間は違います。時間配分
は参考程度にしてください。

基礎力養成段階でやること
・単語の暗記
・文法参考書の通読と、問題演習
・英語脳の養成

単語の暗記（目安は週2.5時間）
　単語暗記の大きなポイントは、**暗記してから12時間、24時間、
48時間後の3回は復習する**ことでした。これを実行するのにおすす
めなのが、**毎日の通勤時間を使う**ことです。
　厳密に12、24、48時間をきっかり計らなくても構いません。47
頁でご紹介した「単語マスター」のRさんのエピソードを参考に、
朝と夜、毎日決まった時間と場所で、単語の暗記・復習をするのが
おすすめです。

文法参考書の通読と、文法項目別の問題演習（目安は週2.5時間）
　文法については、とくに問題演習では机が必要です。したがって
机に向かえる時間を優先的に文法に振り分けましょう。

文法は英語脳と違い、必ずしも毎日やる必要はありません。まとめて一気にトレーニングするのもOKです。したがって**休日にまとめてやり、平日は復習に充てる**のがおすすめです。

英語脳の養成（目安は週7時間）

　これまで繰り返し述べてきたとおり、英語脳トレーニングの鉄則は毎日すること。まずは**出かける前の朝の時間に、音読、速読のために15分ほど確保できるかどうかがポイント**です。この15分はゴールデンタイムです。これを毎朝しっかりすれば、日中にするリスニングの効果が倍増します。

　リスニングは移動時間にもっとも適したトレーニングです。1人で移動する時にはイヤホンを常に耳に入れる習慣をつけ、電車に乗る前、下りた後、自宅や会社と駅までの時間をリスニングに充てましょう。歩く距離が短い人は、ひと駅先で電車に乗ったり、ひと駅手前で下りたりするのも手です。

　以上のようなことを考慮に入れた場合の、スケジュールのサンプルが**図表11-5**です。

　特に最初の2週間、まずはこのとおりやってみることをおすすめします。スケジュールどおりが難しいときには、その日のうちにリスケします。7日の間で帳尻を合わせるようにしましょう。

　トレーニングに慣れてきたら、自分の生活スタイルによってこのスケジュールをアレンジするのもいいでしょう。

　たとえばメーカー勤務のWさんは、2歳になる娘さんのパパです。休日は娘さんとの時間を大切にしたいという理由から、週末のトレーニングは英語脳を30分という最低限にとどめました。

　その分、平日は普段より1時間以上早く起き、娘さんが目を覚ます前に家を出て、会社近くのカフェでトレーニングを続けました。

　一方、商社にお勤めのYさんは、平日は「お酒を飲まずに帰宅することはない」生活。したがって平日は朝のリーディング（音読・速読）、移動中のリスニング、そして昼休みの単語の復習だけにと

どめました。

　その分、休日は1日5時間以上の猛勉強。好きなゴルフはガマン
しないかわりに、ゴルフの後のお酒をガマンして夜の3時間を確保
したり、場所によってはあえて電車でゴルフ場に行き、移動時間を
トレーニングに充てたりするなどの工夫をしたそうです。

[図表11-5]　基礎力養成のモデルスケジュール

	いつ	何分かけて	どこで	何を
平日（目安は1日1時間30分）	朝	10分	自宅	リーディング（音読、速読）
		10分	駅までの徒歩	リスニング
		15分	電車	単語暗記
		10分	電車	単語の復習（前日、前々日分）
		10分	電車降りてから出社まで	リスニング
	日中	10分	ランチの待ち時間	リスニング
		20分	外出時の移動中	リスニング（またはリーディング）
		5分	トイレから戻った時やエレベーターの待ち時間（1回1分）	単語の復習（朝に覚えた分）
	夜	5分	電車	単語の復習（朝に覚えた分）
		20分	電車	リスニング（またはリーディング）
		10分	駅までの徒歩	リスニング

※日中と夜は、どちらかの実施でOK

	いつ	何分かけて	どこで	何を
休日（目安は1日2時間15分）	午前or午後or夜	30分	電車移動	リスニング
		1時間15分	自宅やカフェ	文法
		15分	自宅やカフェ	リーディング
		15分	徒歩	リスニング

得点力の週間スケジュール例

得点力養成期でやること
・公式問題集を使った復習

・パート5対策用の問題集

　得点力養成期ではやることが多岐にわたります。まずはスケジュールを作るにあたって、「机に向かってやるべきこと」「移動中にできること」の2つに分けます。

机に向かってやるべきこと（主に休日にする）
・公式問題集の実施
・なぜ間違えたのかの分析
・パート1のモノマネ音読、意味取り音読（自室など声を出せる場所でする）
・パート2の冒頭部分のモノマネ音読（自室など声を出せる場所でする）
・パート3と4のモノマネ音読（自室など声を出せる場所でする）
・パート3と4の事前準備
・パート3と4の設問の意味取り音読（自室など声を出せる場所でする）
・パート5の復習（公式問題集でチェックが入った問題の解き直し）
・パート5対策用の問題集の実施と復習
・パート7の答えの該当箇所へのマーキング

移動中にできること（主に平日にする）
・パート3と4のリスニング
・問題演習で出てきた単語の暗記
※それぞれの詳しい実施方法は、第3部の該当パートを参照してください。

　ここではスケジュール例として、より具体的な1日のタイムテーブルの例をお伝えします。

9:00に出社し、平均的な退社時間は20:00のXさんの場合

7:00起床	朝のコーヒーを飲みながら、パート3と4の教材を音読（10分）
8:00出発	玄関を出るときにイヤホンを耳に入れる
	駅まで歩きながらパート3と4のリスニング（10分）
	電車に乗ったら単語の暗記と復習（30分）
	到着駅で電車を降りるときにイヤホンを耳に入れ、自席につくまでリスニング（10分）
9:00業務	社内の移動時は、エレベーターの中などで未定着の単語の確認をする（合計10分）
12:00ランチ	45分で切り上げ、自席かカフェでパート3と4のリスニングなど（15分）
13:00業務	外出の用事があれば、移動中に単語やリスニング
20:00退勤	自席を立つときにイヤホンを入れ、電車に乗るまでパート3と4のリスニング（10分）
	電車に乗ったら、パート3と4の聞きにくいスクリプトの箇所にマーカーを入れる
	余力があるときは、帰りにファミレスによって文法の問題演習（30分）
	※飲みに行く日は無理にやらなくてOK

本番力のスケジュールの立て方

本番力養成期でやること
・目標スコアまで、足りていないことを把握する
・本番からの逆算でスケジュールを組む

　最後の本番力養成期については、第4部で詳しく説明しました。直前の模試をとおして、目標スコアまで足りていない力を把握し、それを本番までのスケジュールに落とします。

　スケジュールに落とす時のポイントは、あまり詰め込みすぎずに、あえて余裕を持たせること。**週に1日は帳尻合わせのための日を確保し、やるべきことを確実に終わらせるようにしましょう。**

　直前期ですから、この1〜3週間はそれまで以上にTOEIC対策の

優先順位を上げたいところ。外せない仕事は仕方ありませんが、プライベートの予定はできるだけテスト後にまわして、この期間はトレーニングに集中したいところです。

　なぜならこの期間は2次曲線の急カーブの只中です。やればやるほど力がつきます。この期間の取り組み次第で、30点以上は結果が変わります。本気でスコアアップを目指すなら、ご家族や友人の協力もあおぎながら、**この期間はできるだけトレーニングに集中することをおすすめ**します。

　スケジュールの立て方は以上です。
「何を」「いつ」「どこで」「何分かけて」やるのか。
　これを頭に置きながらスケジューリングすれば、実現可能性の高いものができ上がります。ぜひ試してみてください。

第12章　プレゼンス式即集中術

どんな環境でもトレーニングに即集中する4つのスイッチ

　完全仕組み化スケジューリングの次は、それを一つひとつ実行していくためのコツです。ただでさえ時間がない中で日々トレーニングをするわけですから、あらかじめスケジューリングした時間がきたら即、トレーニングモードに入りたいところ。そのほうが**短時間でやるべきことが終わりますし、結果的に継続しやすくなります**。「やらなきゃとは思いつつ、ついダラダラしちゃう」という人はたくさんいます。プレゼンスの受講生も90％以上が最初は同じように言います。ですがこの後にお伝えする4つのスイッチを実践することで、即トレーニングモードに入れるようになります。騙されたと思って、ぜひ試してみてください。

　即トレーニングモードに入れるスイッチとは、こちらの4つです。

スイッチ1　場所決め
スイッチ2　タイムトライアル
スイッチ3　ルーティーン
スイッチ4　チョコレート

　どれもありがちに思えるかもしれませんが、すべて受講生たちの経験に裏打ちされたものです。読者の皆さんも実際にすべてを、最低3回は試してみてください。

　1回目は何となくピンとこなくても、3回試すうちにその効果を感じられるようになります。なぜなら実際に効果を感じている人が

プレゼンスにたくさんいるからです。

　そしてこれらを実際に試し、効果を感じた人というのは、トレーニングをしっかり実行できている人だったりもします。言いかえると、**トレーニングで高い効果を得ている人は、これら4つを実行している人**だということです。

　ではそれぞれのスイッチを順番に説明していきましょう。

スイッチ1　場所決め──集中できる場所を3つ以上持つ

「トレーニングしようと思ったのに、部屋が散らかっているのが目について片付けを始めてしまった」
「机の前に座っても、目の前にパソコンがあるとついネットサーフィンしてしまう」

　わかります。誰にでも、よくあることです。

　意思の力だけではどうしようもないときは、場所を変えましょう。外に出て、自分が集中できるお気に入りの場所を見つけましょう。たとえばこのような場所が一般的です。

　　・近所のカフェ
　　・ファミレス
　　・図書館
　　・自習室
　　・近所の公園
　　・終業後の会社の会議室

　ほかにもホテルのラウンジやバー、近所の公園、川辺や海辺のほか、「電車の中で単語を暗記するのがいちばんはかどるので、休日も、用がなくても電車に乗ったりする」という人も。

　こういった**「自分にとって集中できる場所」を最低3つは持っておきましょう。**ただし平日バージョンと休日バージョンをそれぞれ3つです。

この集中できる場所というのは、**確実に座れる場所であるというのもポイント**です。たとえば出勤前に立ち寄るカフェを候補として持っていても、空席を見つけられる日もあれば満席で空席がない日もある、ということがあると、満席の日はそれだけでやる気が急降下します。何時から何時までなら空席が多いのか、あらかじめ店員さんに聞いて把握しておきましょう。

　確実に空席があるという意味では、自宅がベストのトレーニング場所というのももちろんありです。ただしその場合は、机やその周辺をあらかじめきれいにしておき、気が散ってしまうものは目につかない場所に片付けておいてください。こういった最初のひと手間が大切なのです。

「プレゼンスに通っている間は部屋がいつも片付いていた」という英語以外の思わぬ効果を口にする受講生も少なくありません。

　また、場所ではないですが、歩きながら英語を聞くのも、実はとても相性がいいのです。満席ということもありませんので、これも3つの候補に入れてOKです。ひとりで歩く時は必ずイヤホンを耳に入れましょう。

　リズミカルに歩きながら英語を聞く。するといつも以上に英語が体にしみ込んでいくような感覚を得られます。酔い覚ましに夜風に当たりながら歩くのは気持ちのいいものです。あと1杯を控え、1つ手前の駅で下りて歩く距離をあえて長くする。英語にも健康にもよい方法です。

「どこで」「何をやる」のがいちばんはかどるのか。自分にとっての適材適所を早いうちに見つけられると、トレーニングの効率が一気に上がります。最初の1～2週間のうちに、平日と休日のお気に入りの場所を見つけておきましょう。「こんなにいい場所があるなんて！」と新しい発見ができると、トレーニングも楽しく続けられます。

スイッチ2　タイムトライアル──制限時間を設定する

　時間を決めてやるのはどのトレーニングにも効果がありますし、これまでの英語学習で実際に試した人も多いでしょう。しかし今回のトレーニングでは特に、単語の暗記にぜひとも制限時間を設けてほしいと思います。非常に効果的です。

　ダラダラと単語本に向かうと、集中力が散漫になり、いつまでたっても覚えられず、時間だけが過ぎていき、やる気も起きない……。そんな悪い循環になってしまいがちです。

　そこから脱する方法は、制限時間を決めること。**50単語で15分。これが制限時間の目安。この数字は集中しないと達成が難しい時間設定です。だからいいのです。**

　暗記が得意な人、苦手な人がいること自体は否定しません。ですが、本書でお伝えしているやり方でやれば、きっと覚えられます。プレゼンスでも60歳を過ぎたご年配の方や、仕事で毎晩タクシー帰りの人でも、覚えています。

「暗記が苦手」と思っている人は、時間を決めずに、ついダラダラとやってしまっているケースが非常に多いのです。苦手なのではなく、習慣をほんの少し変えるだけで、暗記は間違いなくはかどります。

　まずは15分、時間を決めて単語本に向き合ってみてください。「この15分で覚えるんだ」と心に決める。それに執着することも大切です。

　最初にやる単語暗記をとおして制限時間を決めることの効果を感じたら、それをほかのトレーニングでも実践しようと思えるはず。するとどんどん好循環に入り、トレーニングにもはずみがつきます。

　時間を決める

　→集中できるから早く覚えられる

　→早く覚えられるから短時間で済む

　→短時間でできるから毎日続けることが苦にならない

→苦にならないからトレーニングを毎日継続できる

→毎日継続するから力がつく

この循環です。

成果がわかりやすい単語暗記で、最初のきっかけをつかみましょ
う。ちなみにプレゼンスの体験談には「仕事でも制限時間を決める
ようになった。おかげさまで前よりもずっと仕事がはかどるように
なり、退社時間も早くなった」などの声が続々寄せられています。

スイッチ3　ルーティーン──自分だけの行動儀式を作る

英語に限らずですが、時間管理が上手だな、と感じさせる人は、
自分なりのルーティーンを持って日々の生活を送っているように見
えます。たとえばこのようなものが挙げられるでしょうか。

・電話が鳴らない早朝に出社して、仕事を集中して片づける

・朝の通勤中に、その日のTo Doリストを見直す

・仕事上の食事のアポはできるだけランチタイムに入れ、夜は自
　分の時間にする

では英語であれば、どのようなルーティーンが考えられるかを挙
げてみます。どれもプレゼンス受講生の多くが、実際に実行してい
ることです。

・自宅を出る時に、必ずイヤホンを耳に入れる

・駅からの往復の徒歩の時間は、リスニングをする

・駅のホームに着いたら、すぐに単語本を取り出す

・その日にやるべきことが終わっていなかったら、帰り際にファ
　ミレスに寄る

最寄り駅から自宅までの道にファミレスもカフェもない受講生の

方の話をすると、その日にやるべきことが終わっていないと、暗記系であれば「靴を脱ぐ前に、玄関で立ったままチェックする」というルーティーンを作り、実行していたそうです。

　暗記ではなく作業系（英語脳教材の事前準備や文法の問題演習）であれば「帰宅したらバッグを置いて、机に直行する」のがマイルーティーン。部屋着に着替えて一度くつろいでしまうと、重い腰がなかなか上がらないとのことです。

　こういったルーティーンは、トレーニングにメリハリを生みます。またルーティーン化すると、「嫌だな、面倒だな」などの感情をいちいち持たずに、リスニングや単語の暗記を始めることができます。

　そう、すべては習慣づけ（ルーティーン化）です。つまり意思の力が必要なのは最初の2週間だけなのです。

　テレビ局勤務の受講生の方は、当時平日の帯番組に毎日出演していましたが、起きてから番組の開始時間まで、まったく同じ行動パターンで過ごすと教えてくれました。「そうすると勝手に集中できるからです」とのこと。

　習慣の力は侮れません。皆さんも勝手に集中できるように、自分だけのルーティーンを持ちましょう。特に朝のルーティーンを持つのがおすすめです。起きてから仕事をスタートするまで、毎日同じルーティーンで過ごしてみてください。

　プレゼンス卒業生の中には、せっかく習慣になった朝のルーティーンを使ってほかの難関資格の勉強を始め、合格したという人もいます。**英語のトレーニングをきっかけに勉強の習慣がつき、キャリアの階段を一気に駆け上がっていく人は、実際とても多いのです。**

スイッチ4　チョコレート──血糖値を上げてトレーニング

　4つ目のスイッチは、少し異色です。しかし、集中するには欠かせないことです。

　朝起きたばかり、あるいは夜に帰宅してから机に向かう時、空腹

を感じながらトレーニングをするのは、あまり効果が上がりません。そんな時はチョコレートを食べ、血糖値を上げましょう。チョコレートに抵抗があればココアなどでもOK。とにかく糖分を摂って、脳みそを元気にするのです。

　脳みそが働くには糖分、特にブドウ糖が必要です。ごはんやパンなどでもいいのですが、消化吸収が早く、すぐに脳にエネルギーを供給できるのは砂糖。

　たとえば将棋のタイトル戦では、午前と午後の2回、おやつタイムがあります。国民栄誉賞を受賞した羽生善治さんも、和菓子やケーキなどをよく食べているそうです（それでも対局後には体重が減るとか）。

　このように、即エネルギーになる砂糖は、脳みそを酷使する人にとって欠かせないものなのです。

　集中してトレーニングに向かう皆さんも、脳みそを酷使するのは同じです。空腹時に机に向かう時は、ぜひチョコレートを少し口に入れましょう（もちろん食べすぎは禁物です）。脳みそに糖分を届けられるのはもちろん、即集中モードに入るスイッチにもなりますので、一石二鳥です。

　さらに美味しいチョコレートを買っておいて、それを楽しみにトレーニングに取りかかれれば、一石三鳥にもなりますね。

　チョコレートで思い出すのは、以前TOEFL®のクラスで担当した受講生のことです。

　ある日、真剣なご様子で質問に来られました。

　「（当時のTOEFLの試験時間である）3時間半も、集中力がどうしても続かない。テストの後半になるとフラフラになって集中できなくなります。年齢のせいでしょうか。どうしたらいいですか？」

　その方は41歳。当時44歳だったプレゼンス創業者の杉村の返答は「テスト前に板チョコを1枚食べなさい」でした。

　「集中力については気合いや根性ではどうしようもない。40代になって集中力が続かないというのは非常に理解できる。だから集中

し続けるために糖分を摂るのがよい」とのこと。そのアドバイスが効いたのかどうかはわかりませんが、ご質問された受講生は1カ月半後、目標だったTOEFL100点を突破。念願だった留学を果たされました。

第13章　くじけそうな時に効くメンタルコントロールの12のコツ

コツ1　周りに宣言して後押しをしてもらう

　新しい職場でも、新しい趣味を始める時でも、飛行機の離陸でも、最初がいちばん労力を必要とします。TOEICのトレーニングでも、それは同じ。**最初の2週間が肝心です。**

　ここでトレーニングを日々の生活に取り入れ、習慣づけられるかどうか。この2週間をくじけずに乗り越えられれば、一気に波に乗れます。

「やらないと気持ち悪い」「やらないともったいない」と思えるようになります。そうすると勝手に続けられるのです。

　このいちばん大変な2週間を乗り切るコツは、家族や友人の力を借りることです。家族がいる人は、勉強することを宣言する。特にお子さんがいる人は、朝から勉強する親の背中を見せてあげましょう。

「宣言しておいて続けられなかったら恥ずかしいから、少し続いてから、『実は勉強やってたんだよね』と言いたい」という声もよく聞きますし、それが本音だとも思います。

　しかし今回は逆を試してみてください。なぜならいちばん大変なのは最初の2週間だからです。**一人で頑張るよりも、周りの力、周りの目を借りましょう。**

　お一人で暮らしている人は、アプリの『みんチャレ』など、ネット上で励まし合いながら頑張れる仕組みが今はたくさんあります。自分の目標をネット上で宣言し、今日やったかどうかを報告する。

　ネット上で出会った本名も顔も知らない他人が相手でも、「報告

しなければいけないというのが励みになる」と多くの人が効果を感じています。最初の2週間だけでもそういった仕組みの助けを借りて、乗り越えましょう。

コツ2　自分への言い訳をすべて聞く

「何かを始めても飽きてしまって、何でも3日坊主。英語もやらなくちゃいけないのはわかっているけど、2週間だって続けられる自信がない」

　実際、そういう人はたくさんいます。プレゼンスでも何百人という受講生からこういった声を聞きました。それでも、全員とは言いませんが90％以上の人が継続できています。そのコツをお伝えします。

　ある人の体験談を参考にしてみましょう。

「新年の誓いとして、今年は英語を毎日やるぞ！と決めて、仕事始めを迎えました。通勤は毎日するものだし、この時間を使えば毎日のシャドーイングも無理なくできるだろうと思っていました。でも実際始めてみたら、続けられたのは2日だけ。3日目に『今日はまぁ、いいか』と思ったら最後、次の日からはもう、続けられませんでした……」

　さて、皆さんがこの話を聞いたら、この人は「挫折した」と思いますか？

　何を隠そう、これはお恥ずかしながらプレゼンスコーチの一人の体験談です。「忙しくても、10分でもいいから毎日やることが大切！」と繰り返し述べてきたにもかかわらず、この有り様です。

　頭ではその重要性が誰よりわかっていても、結局は3日坊主でした。なぜそうなったのか、少し言い訳をさせてください。そして皆さんも反面教師にしてもらえればと思います。

　ある年、新年の誓いとして、英語力のメンテナンスのために、1日20分はシャドーイングを続けることを決めました。片道40分の

通勤時間があるので、「1日20分なんて余裕だろう」とタカをくくっていました。

　以前そのコーチが大学院の出願のためにTOEFLのトレーニングをしていたときは、ネックストラップタイプのイヤホンにICレコーダーを付け、首から下げて英語脳のトレーニングしていました（当時はまだブルートゥースはありませんでした）。

　しかしヘビーユーズしたためレコーダーもイヤホンも壊れてしまい、使いものになりません。そして「今回は今持っているもの（スマホと普通のイヤホン）を使えばいいか」と思ったのです。ネックストラップタイプのイヤホンが、もはやほとんど売られていないという状況もありました。

　さて、新年の初出勤日。「今日から毎日頑張ろう」と出勤中に勇んでシャドーイングをしようと思います。ですが、思った以上に「面倒だ」と感じるのです。

　カバンからイヤホンを取り出すこと、絡まったイヤホンの線をほぐし、スマホにジャックを差し込むこと。1つひとつはたいしたことではないのですが、それまでのICレコーダー＋ネックストラップの便利さに慣れていた彼女にとっては、非常に面倒に感じました。

　それならばと自宅からイヤホンを耳に入れて出かけたのですが、今度は荷物が多い日など、長いイヤホンのコードさえも邪魔に感じます。

　そして「今日はまぁ、いいか」という気持ちになってしまったのです。一度「まぁ、いいか」をやってしまった翌日以降のことは、先ほど書いたとおりです。本当にお恥ずかしい限りです。

　毎日続けることの大切さを頭では十分にわかっていても、できなかった。その時の彼女にとっての「まぁ、いいか」の理由（自分への言い訳）は、イヤホンの長いコードが歩行中は邪魔だったこと、バッグからイヤホンを取り出すのが面倒だったこと、そして、からまったコードをほぐすのも面倒だったことです。

　そのため、歩行中にコードが邪魔になることもなく、バッグの中

でコードがからまることもないネックバンド式のブルートゥース対応のイヤホンを使い始めました。

　電車内の騒音の中でも音源に集中できるように、イヤホンはカナル型（耳栓タイプ）のものです。それを玄関の鍵の横に置いておき、出かける時に忘れず首から下げるようにしました。それ以降は、毎日の継続も負担なくできています（**図表13-1**）。

　ちなみにワイヤレスタイプのイヤホンも試しましたが、私にとっては少し空いた時間にケースからイヤホンを取り出すことさえ面倒くさく、ネックバンド式で常に首から下げておけるものに落ち着きました。

[図表13-1]　ツールを変えるだけで習慣になりやすい

　これも仕組み化の1つです。頭では重要性をわかっていても続け

られないのであれば、それは原因があるはず。その原因（やらなかったときの自分への言い訳）に耳をかたむけ、一つひとつ、仕組み化によってつぶしていくのです。

転んでもタダでは起きないメンタリティは大切です。そうすれば、たとえ3日坊主になっても、すぐに取り戻せます。

それは決して挫折ではありません。むしろ**自分への言い訳を活かし、より強固な仕組みにすればいい**のです。

コツ3　ツールの置き場所と入れ場所も仕組み化する

前のコツ2でさらっと書きましたが、毎日の移動中に欠かさずシャドーイングをやれるように、私はイヤホンを玄関の鍵の横に置いておきました。帰宅時にもイヤホンは首にかかっていますので、鍵と一緒に元の場所に置くだけです。

これも1つの仕組み化です。毎日必ず持って出かけるものと一緒に置いておけば忘れませんし、バッグに入れたままにするのではなく出かける時に手に取ることで、「バッグからイヤホンを出すのが面倒くさい」という言い訳も排除できるようにしたのです。

このように、**いつでもどこでも、言い訳をはさむことなく即トレーニングをするためには、ツールの置き場所と入れ場所にも意識を払うことが大切**です。

たとえば、同じ単語本を2冊買う人もいます。メインで使うのは持ち歩き用の単語本。もう1冊は毎朝トイレで復習をするため、自宅のトイレに置いておいたのだそうです。

ほかには、前述したとおり復習用に書き出した紙や英語脳教材のコピーなどは、すぐに取り出せる場所に入れておく。男性なら胸ポケット、女性ならバッグの外ポケットです。

くだらなく感じるかもしれませんが、これだけで日中にトレーニングするためのハードルが一気に下がるのです。だまされたと思ってぜひ試してみてください。

コツ4　飲み会はトレーニングの後に

　プレゼンスの受講生が最初によく口にするのが「トレーニング時間を確保するために、飲み会をどうしたらいいだろう」というお悩みです。飲み会やお付き合いも大切な仕事の1つ。すべて排除するのはさすがに無理があります。

　多くの人は、トレーニングをやってから飲み会に参加することで解決しています。事前に飲み会の予定が入っている場合には、スケジューリングの時に朝のトレーニングを多めにしておけば対応できます。

　ほかにも、プレゼンス受講生のSさんからこんな体験談が寄せられています。

「友人との飲みや食事の予定の日は、7時までに何とか仕事を終わらせます。そして仕事が忙しいことにして8時までカフェでトレーニングしてから合流することで、スケジュール変更を免れています。また社内からの飲みの誘いは、私が殺気だって昼休みにトレーニングしていることで、誘いすらこない状況を作っています」

　一方、どうしても遅刻できない飲み会の場合には、普段以上の集中力で仕事を早く終わらせて、トレーニングの時間を確保しましょう。「遅れたくない」「でもトレーニングもしないといけない」と思えば、前述したスイッチ2の制限時間効果で、自分でも驚くようなかつてない集中力が発揮できるはずです。

コツ5　「なんとなく楽しいこと」を最低4つやめる

　週に12時間のトレーニングと聞くと、多くの人は「仕事も忙しいし、睡眠時間を削るしかない」と言います。ですが短期間とはいえ3カ月もあります。12時間を捻出するために睡眠時間を毎日削っていては、決して若くはない体が悲鳴をあげてしまいます。

ただでさえ忙しい日常生活の中、英語のトレーニングを組み込むためにプレゼンスの受講生がやっているのは、「ついやってしまう、なんとなく楽しいこと」をやめること。移動中のゲームやSNS、ネットサーフィン、動画視聴、そして帰宅してからのテレビがその最たるものです。

　自覚がある人も少なくないと思いますが、多い人ではこれらに毎日1時間以上を使っているのではないでしょうか。**この時間を英語に充てるだけで、平日のトレーニング時間は確保できてしまいます。**

　とはいえ、これらを一度に止めるのは大変ですし、ストレスもたまります。ですので週に1つずつ止めてみるのはどうでしょうか。

　週に1つずつ止められれば、最初の1カ月で4つも排除できます。一気に4つ止めるよりも、慣らしながら止められるので、グッと楽だと思います。そしてそのまま残り2カ月も乗り切るのです。

　止めるためには、スマホから該当アプリを削除するか、せめてフォルダに入れてしまうのがおすすめです。ホーム画面に残っているとつい見てしまうのは誰でも同じ。SNSの交友関係を大切にしている人にとっては、スマホからアプリを削除するのは酷かもしれません。その場合、パソコンからログインするのはOK。最低限の逃げ道は確保しておいていいのです。

　「楽しみをガマンするなんて、自分にできるのかな」と不安を感じた人も多いかもしれません。

　しかし、やるべきことがハッキリしていると、意外とガマンできるものなのです（もちろんガマンばかりではなく、パソコンでログインするのはOKなのです！）。

　なぜなら、**タスクがハッキリしていると「やらないと！終わらせないと！」と気持ち悪い**から。もちろん人によっては「移動中ぐらいはゆっくりスマホを見たい」という人もいます。そういう人は自宅でのパソコン使用やテレビをやめて、朝または夜にトレーニングを頑張ることでメリハリをつけてください。

　最初は誰でも、「自分にできるのかな？」と不安です。そしてそ

の不安は、一歩踏み出してみることでしか拭えません。ですが**始めてみれば、日々のやるべきことに夢中になっているうちに、あっという間に3カ月たちます**。本当です。目の前のことを一生懸命やっていると、あっという間なのです。

　しかも意思の力が必要なのは最初の2週間だけ。そこから先は習慣の力でゴールまで駆け抜けられます。気づいた時には、英語力はもちろん、「自分もやればできるんだ」という自信も手にできるのです。

コツ6　声に出して自分をほめる

　「仕事が忙しくてと言い始めて、途中でトレーニングを止めてしまう人が多い。だから私は仕事が忙しいからと理由づけするのは止めようと心に決めました。むしろ"仕事が忙しいから英語脳だけはやろう"と切り替えました」

　外資系企業で活躍する女性からこんな話を聞いて、なるほどと思いました。仕事が忙しいことを変えられないのであれば、それをストレスに感じても仕方ありません。そして常に忙しいのであれば、英語のトレーニングはずっとできないことになってしまいます。

　それならば、忙しいからこそできることをやるという発想です。どんな時でも移動はするわけですから、この時間を使ってリスニングをする。そしてそんな忙しい時でも英語のトレーニングを続けた自分をほめて乗せるというわけです。

　時間がたくさんある時にトレーニングをやった時よりも、忙しくても頑張った時のほうが、自分をほめたくなる気持ちを強く持てます。

　「こんなに忙しいのに、よくやった！」「今日も頑張った！」「私はエライ！」。恥ずかしく感じるかもしれませんが、そうやって**声に出して、言葉にして、自分をほめてください**。「明日も頑張ろう」という気持ちが自然とわいてきます。そして3カ月の継続につなげ

ていきましょう。

コツ7　会社から歩いて帰ってみる

　即集中スイッチ3でルーティン化の重要性を述べました。これは
もちろん非常に有効なスイッチなのですが、裏を返すと、気持ちの
振れ幅が小さくなるとも言えます。するとノリノリでトレーニング
に向かえず、「なんとなく今日も頑張るか」といった気持ちの日が
あるかもしれません。

　そんな時は、少し刺激を入れましょう。外国人が多くいる店に行
って彼らの会話に耳を傾けてみたり、英会話カフェなどに参加した
りするのもいいでしょう。

　もっと手軽にできて効果的なのは、会社から（途中まででも）歩
いて帰ってみることです。もちろんリスニングをしながらです。夜
風に吹かれながら大きい歩幅で黙々と歩いていると、勝手に前向き
な気持ちになります。

　歩きながら、いち早く家に帰ってすぐにトレーニングしたくなっ
たら、もちろんその素直な気持ちに従って近くの駅から電車に乗り
ましょう。

　ルールを決めず、ルートも決めず、ただ赴くままに歩く。短期間
とはいえ90日間も続くトレーニング期間の中に、そんな刺激を時々
入れてみるのもおすすめです。

コツ8　やらない時は一切やらない

　プレゼンスの受講生でしっかり成果を上げている人を見ている
と、メリハリのつけ方が上手だと感じることがよくあります。週に
8時間のトレーニングをきっちりやっている人のほうが、15時間を
トレーニングに費やした人よりも、場合によってはいい成果を残し
ているというのも珍しいことではありません。

少ないトレーニング時間の中でしっかりとした成果を上げている人は、例外なくメリハリのつけ方が上手です。「この時間だけは集中する。それ以外は自分が好きなことをやっていい」。こういった割り切りが上手い。

　たとえば一人暮らしの人なら、金曜夜から土曜の午後は英語のことを一切考えず、好きなだけ飲んで好きなだけ寝る。その分、土曜の夜と日曜は頑張る。ご家族がいる人は、土曜の朝のうちに外でトレーニングをやり、昼以降の週末はすべて家族との時間にする（とはいえ日曜日の夜にリスニングだけは15分やる）、などといったメリハリです。

　少ない時間であっても、制限時間の効果で高い集中力を持ってやれば、ダラダラと長時間やるよりも身につくものは多いです。「やらない」と決めた時間は英語のことを頭から排除し、思い切り好きなことをやりましょう。

　それが結果的に「やる」と決めた時間の集中力アップにつながります。そして無理なく3カ月を過ごせるのです。「さほど無理した実感はないけど、ちゃんとスコアは伸びた」と言う受講生は、実際めずらしくありません。

コツ9　自分を納得させて堂々とサボる

　どんなにメリハリをつけてやろうとしても、つまり「やる」と決めていた時間帯にトレーニングしようとしても、どうしてもほかのことをやりたい日もあります。

　たとえば毎朝の通勤では単語を覚える、と決めているとしても、重要な会議が朝一番で入った日などは、朝の通勤中も会議のことを考えたいことでしょう。

　そんな日は「今日は単語暗記よりも、会議を上手くいかせることのほうが優先」といったように、やらない理由をいちいち自分に納得させてください。

つまり、なあなあにしない。仕方ないだけで済ませない。やらないなら、やらないと決めてからにする。そうすれば、**「やらない」と自分で決めるというワンクッションが入った後なので、その日のうちにリスケしようという気持ちもおこりやすい。**

と同時に、いつにリスケするかも一緒に決めてしまいましょう。「今朝はしょうがない。でも会議終了後のお昼休みにはやろう」と考え、その場でスケジュールをおさえてしまうのです。

やらない理由を自分に納得させ、リスケ先をすぐ決める。この2つをやることで、今やるべきことに心から集中できるようになります。

さらにこのスキルは、普段のトレーニングにも活きてきます。お昼休みの空いた時間など、限られた中でもスムーズにトレーニングを始められるようになるでしょう。

コツ10　3年先の投資効果を言語化する

とはいえ「そんなことを言ったら、朝は毎日でもその日の仕事のことを考えたいよ」というのが、多くの人の本心でしょう。

ここでプレゼンスTOEICコースの元受講生で、今は『伝え方が9割』（ダイヤモンド社刊、シリーズ累計136万部）でベストセラー著者となられた佐々木圭一さんから伺ったお話をご紹介します。

プレゼンスを受講した当時、佐々木さんは広告代理店に勤務する会社員。すでにコピーライターとして多忙な日々を送っていた佐々木さんは、プレゼンス入校後も最初の1〜2週間はほとんどトレーニングできなかったそうです。

そんな時、担当コーチだった杉村（プレゼンス創業者）から言われたことを、今もよく覚えていると言います。

「何が重要か、だと思うんだよね。いまは仕事を犠牲にしてでも、英語をやる時なんだ」

佐々木さんは「仕事こそがいちばん大切」と考えていたので、戸惑いました。そこで杉村は続けます。

「短期的に見たら、いまの仕事は大切かもしれない。でも3年後を考えたら、いま英語を身につけておくべきなんだ。今は仕事をセーブしてでも、一気に英語ができるように時間をつかうべきです」

佐々木さんは、そこで考え直したと言います。確かに、たった今は仕事が大切ではあるけれど、中期的に考えたら英語ができる状態になっておいたほうが、仕事にとってもいいのは明白。「仕事も忙しすぎて、英語のトレーニングの時間がとれない」というモヤモヤが、杉村の問いかけで一気に晴れたとのこと。

これを機に佐々木さんは英語でも努力を続け、結果的にTOEICで370点（495点→865点）ものスコアアップを実現し、アメリカへの留学も実現されました。この時の集中トレーニングを機に活躍の場を世界に広げ、カンヌ国際広告祭で金賞を受賞するなど、国内はもちろん国外でも数々の賞を受賞するまでになったのです。

まさに、短期間でも英語を優先して頑張られた結果、佐々木さんご本人も、当時所属していた会社にとっても、長い目で見て大きなリターンがあったと言えます。

目前の仕事でも結果を求められ、将来へのスキルアップのために英語もやらなければいけない。

時間のやり繰りがどうしようもなくなった時にぜひやってもらいたいのが、将来のなりたい姿をイメージすることです。**画像ではなく映像で、頭の中だけではなく言葉にして、具体的にイメージするのがより効果的**です。

次ページにそのためのワークシートを載せています（**図表13-1**）。プレゼンスのクラスでも実際に使っているものです。英語を使って活躍している将来の姿を明確にイメージできた後は、今の自分の時間の使い方に対しても、何か発見があるかもしれません。

[図表 13-2] 将来の姿をイメージするためのワークシート

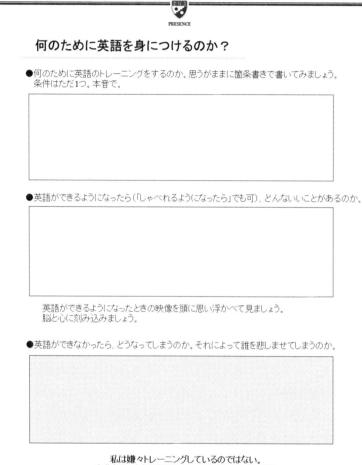

コツ11 納得してから眠りにつく

続いて、ある企業の講演会で実施したアンケート結果をご紹介します。

「英語学習で苦労していることは?」という問いに対して、ダントツで1位だったのは「モチベーションの維持ができない」。そして次点は「時間がない」。

この2つ、言葉は違いますが、同じことを意味しています。つまり、モチベーションが足りていないから、時間を取ろうとしていない、と言えるのです。

よく言われることですが、時間はないものではなく、取ろうとしていないもの。与えられている24時間の中から、1日1時間を英語のために確保しようとするかどうか。それは自分のやる気、つまりモチベーションにかかっています。

実は短期間で集中して英語力を伸ばすことに成功したプレゼンスの受講生は、トレーニング期間中に「モチベーション」という言葉を使いません。

では、なぜトレーニングを続けられるのか? それは「やると決めたことを、淡々とやる」という姿勢でトレーニングにのぞんでいるからです。

モチベーションが続かない理由として多くの人が挙げるのが、上達が見えないこと。基礎の反復段階のときはなおさらです。しかし短期集中で英語力を伸ばすことに成功した人は、目の前の結果(=上達)に左右されるのではなく、**自分が決めたノルマをやったかどうか、それだけを重視**しています。

毎日のトレーニングを正しい順番で続けていれば、自分では伸びが実感できなくても、必ず上達しています。だからこそ、すぐの結果を求めるのではなく、今日やるべきことをやったかどうか。そこにフォーカスしましょう。遠くのゴールだけを見るよりも、そのほうがはるかにやる気が続きます。

そしてやるべきことができていたら「今日もやれた!」とガッツポーズ。もしやるべきことがやれていなかったら、いつやるのかというリスケ先を決めておく。そうやってやるべきことをやり、納得してから眠りにつきましょう。

ラジオ体操のスタンプのように、「スタンプがたまったこと（やるべきことを毎日やっていること）」に喜びを感じる。それが上達のための大きな秘訣です。スタンプが全部たまる頃には、大きなご褒美が待っています。

コツ12　伸びを感じられなくても気にしない

　貴重な時間を投じている以上、目に見える成果を早く感じたい。誰にとっても、それが本心だと思います。ダイエットでも、最初の数日食事をコントロールすれば、1〜2キロならすぐに落ちます。

　しかし一般的にはその後に停滞期に入るため、そこで頑張りきれなかったという声は確かによく聞きます。

　せっかく頑張っているのに何も変化を感じないと、「頑張る意味がない」と思ってしまう。もっともです。

　ですが残念ながら英語は、すぐに伸びを感じられるものではありません。もっと言えば、自分では伸びを感じにくいという事実もあります。

　したがって、伸びたか、伸びていないかは、まったく気にしないでほしい。「そんなの無理！」という声が大多数なのを承知で、それでも言います。なぜなら**手応えがなくて当然だからです。実感ができなくて当たり前**なのです。

　毎週プレゼンスに通う受講生でさえ、トレーニングの期間中は「定着しているか不安」「伸びているのか不安」と繰り返します。1人でトレーニングされる皆さんはなおさら、不安を感じてしまうのも無理はありません。

　実力の伸びは、自分ではなかなか気づけないもの。髪や爪が毎日伸びているのに気づけないのと同じ。自分に起こっている日々の小さい変化は、自分では気づけないのです。

　ですが、日々のトレーニングを正しいやり方で続けていれば、力が伸びていないはずはありません。したがって、判断基準はやった

か、やってないかだけにしてください。

　そうやってまずは基礎力養成期を乗り越える。そして得点力養成期に移る頃には、自分では自覚がなくとも、問題演習をとおして力がついていることに気づけるようになります。

　そこで初めて、自分の中の知識の引き出しに、モノがきちんと入っていることに気づけるのです。1人でトレーニングしているときは、引き出しにひたすらモノをしまっているだけ。しまってしまったものは見えません。だから気づかないのです。

　とはいえ、モチベーション維持のためにも最初の1カ月こそ伸びを確認したいという人も多いでしょう。そんな人のためにとっておきのポイントを、次章で説明します。このコツは、著しい結果を残した受講生に共通していたことです。ぜひこのまま読み進めてください。

第14章　成功する人の５つの共通点

共通点１　ゴールから逆算して数値化する

　最後の章では、目標スコアを達成する人の共通点を5つに絞ってお伝えします。著しい結果を残した受講生には、やはり共通する発言や姿勢があったのです。

　目標スコアを達成する人の共通点こそ、読者の皆さんがもっとも知りたいことだと思います。にもかかわらずなぜ最後の章に述べているかというと、これらはすべて**トレーニングを実際に始めてからではないと、大事さがわからないことばかり**だからです。

　トレーニングを始める前に読んだら「こんなの簡単」と思う内容もあるかもしれません。しかしトレーニングを始めてみると、どれも意外と簡単ではないことがわかるはず。

　一方、この考え方を知れば、それまで以上にやる気になれると思いますし、「本当にスコアが伸びるんだろうか」という不安も拭えるはず。ぜひ実際にトレーニングを始めた後に、何度も読み返してほしいと思います。

　まず1つめのポイントは、こちらからの質問に対して常に数字で返答するということです。たとえばこんな具合です。

　　コーチ「今週の単語の取り組みはどうでしたか？」
　　受講生Ａ「不安な単語が、あと13個残っています」

　　コーチ「リスニングは先週から改善しましたか？」
　　受講生Ｂ「どうしても置いていかれてしまうセンテンスが、あと

8個あります。意味取り音読を30回ぐらいやったのですが、まだリスニングの速さでは意味が取りにくいです。来週までにもう30回音読すれば、クリアできると思います」

「あと13個」、「あと8センテンス」と言えるということは、**本当にすべてを身につけようとしている証拠**です。「13個」、「8センテンス」以外の箇所は、受講生本人の感覚で身についていると実感できているということでしょう。

このような姿勢でトレーニングに向かっている人は、確実に伸びます。しかも著しく伸びます。TOEICの勉強を2年間続けている人を、わずか3カ月で追い越してしまうほどに。

読者の皆さんもぜひ、できていないことの数値化を実践してみてください。ゴールは、やると決めた教材（範囲）は、すべて身につけることです。このゴールから逆算し、「できていない箇所があと何個」と常に把握する。

そうすると、**その数字が日ごと、週ごとに減っていくことに、大きな喜びを感じられます。成長している実感が持てます。**これこそが昨日の自分よりも伸びている証です。つまり基礎力養成期でも実践できるのです。数字が減っていくのを励みにして、毎日のトレーニングを進めていってください。

共通点2　目標スコアを取ることを自分の中で決めている

2つめは、目標スコアを取ると自分の中で決めている、ということです。

モチベーションという言葉、勉強にはつきものです。「モチベーションが上がらないから勉強できなかった」というのは頻繁に聞きますし、理解もできます。

一方で、前章でも前述しましたが、最終的に目標スコアを獲得している人は、スクールでの8週間の期間中に、モチベーションとい

う言葉をほとんど口にしなかった人が多いのも事実なのです。

　なぜなら、**「目標スコアを取る」と自分で決めている以上、そのためにトレーニングするのが当たり前だから**です。モチベーションが上がることはあっても、下がることがないのです。

　たとえば、大学をご卒業された人なら、学生時代のテストやレポートを思い出してみてください。普段の授業はついサボっていたとしても、テストやレポートに対してモチベーションが上がらないからという理由で、受けなかったことはありましたか？

　おそらくほとんどなかったはずです（たくさんの科目をとりあえず履修して、あとから取捨選択したというのは別です）。だから卒業できたのです。

　授業をサボるほど勉強が好きではないのであれば、大学を中退するという選択肢もあります。ですが、中退せずに卒業までやり遂げたのは、入学した以上は卒業するのが当たり前と無意識に思っていたからでしょう。つまり、卒業すると決めていたからです。

　卒業のために必要なテストやレポートは、やって当たり前のこと。つまり、モチベーションは関係なく、どのような手段を使ってもやれるのです。それと同じです。

　TOEICでスコアを上げると決めている人は、トレーニングすることが当たり前に思えます。日々のやるべきことを、モチベーションに左右されずにやれるのです。

　目標スコアを達成したいなら、「したい」ではなく「する」と決める。それが大きな第一歩です。

共通点３　単純なトレーニングを高い意識で実践する

　３つめは、単純な反復トレーニングを高い意識で実践できることです。

　文法の問題演習や英語脳。これらは特に反復がモノを言います。**この反復を惰性でやってしまうか、あるいは高い意識のまま（目的**

意識をハッキリさせた状態で）やれるかどうかで、3カ月間で雲泥の差があります。

たとえば英語脳は、毎日同じ教材を読み／聞きするのですから、数日すれば内容を覚えてしまうのは当然です。内容はもうわかっているため、ただリスニングだけをしていても意味は何となく理解できると思います。

しかしただリスニングするのではなく、**初めて聞くつもりで意味をおさえながら聞く。この意識のままでリスニングを実践できる人が、短期間でスコアが取れる人**です。

初めて聞くつもりでリスニングすると、理解しにくいセンテンスがどれなのかがわかります。理解しにくいセンテンスにチェックを入れておけば（これが前述した共通点1の数値化につながります）、それらを集中して反復することができます。結果、苦手なセンテンスがなくなり、英語脳が作られるのです。

これはスポーツと同じです。2013年に国民栄誉賞を受賞した野球の松井秀喜さん。同時受賞した恩師である長嶋茂雄さんと毎日続けたマンツーマンでの素振り特訓は、有名なエピソードです。

その光景をイメージしてみてください。松井選手が惰性でバットを振っている姿は想像し難いですし、長嶋監督が惰性のトレーニングに付き合うはずもありません。

松井選手は巨人軍の4番打者でしたから、当然ですがバットは問題なく振れます。それでも毎日素振りです。打撃フォームで修正したい何かがあったのでしょう。あるいは苦手なコースの打ち方をイメージしていたのかもしれません。

それを体にしみこませるため、高い意識のまま（修正したいポイントに意識を集中させたまま）、素振りを繰り返していたのではないでしょうか。

英語でも同じ。**何のための反復なのかを理解し、体にしみこませたいポイントを意識した状態で反復する。**これができる人は、間違いなくスコアが伸びます。しかも圧倒的に伸びると断言できます。

共通点4　近道や魔法はないとわかっている

　皆さんの周りにも、英語ができる人はたくさんいると思います。いったいいつ、どうやって、英語ができるようになったのか、その人たちに聞いてみたことはありますか？

　小さい頃に耳から自然に英語を覚えたという帰国子女や、インターナショナルスクールに幼少期から通っていたなどの特殊な環境で育った人であれば、英語ができるというのも頷けると思います。小さい頃に身につけたことは、大人になっても身体が覚えているからです。小さい頃に水泳教室に通っていた人は、大人になった今もスイスイ泳げるでしょう。

　一方、皆さんの周りにいる英語ができる人が、義務教育の中で英語の勉強をスタートし、そのまま日本の英語教育を受けてきた、いわゆる「普通の日本人の大人」であれば、その人は間違いなく、一度や二度は英語を猛勉強した経験を持っているはずです。

　ご本人は「勉強なんか大してやっていない」と謙遜するかもしれませんが、何もせずに英語が身につくことはありえません。

　たとえば洋楽が大好きで、「洋楽を毎日聞いているうちに自然と英語が身についた」という人であっても、本人が勉強と感じていないだけで、たとえば音楽を聞きながら歌詞を書き取るなど、実は何かしらやっていたと言えるでしょう。

　ここで声を大にして言いたいのは、**英語ができるようになるために、近道や魔法はない**、ということです。ただし本書でお伝えしているとおり、効率的な方法はあります。これは近道や魔法とは違います。ここまで読んでくださった人ならわかるとおり、効率的な方法であっても一定の勉強量は必要なのです。

　英語教材の広告で「ある日突然、英語が聞こえるようになった！」などのコピーをよく見かけますので、どこかに近道があるのではないか？　何か魔法のような教材や勉強方法があるのではないか？

と感じてしまう人も多いと思います。そしてそう感じるのはもっともです。

　しかし、皆さんが得意なことを思い出してみてください。

　たとえばスポーツでも、音楽でも、「上手い！」と言われるレベルにある人は、地道な練習を続けた経験があるはずです。

　何か魔法があって、ある日突然、できるようになったのではなく、頻繁にレッスンに通ったり、基礎の反復練習などをしたりしたことと思います。一朝一夕に「上手い！」のレベルに到達するなどなかったはずです。やはり回数は力です。

　英語も同じです。

　英語ができる人は誰でも、何かしら、猛勉強と言えるレベルの地道な努力をした経験を持っています。受験勉強だったり、留学準備だったり、駐在のための準備だったり、きっかけやタイミングは人それぞれ違います。それでも、地道な努力をした経験があるというのは変わりありません。

　非常に英語ができる同僚に対して、「彼はアメリカに3年も駐在していたから、英語ができて当たり前」と思っているとしたら、それは見当違い（実際、アメリカ駐在経験が3年以上あってもTOEICで600点程度という人にたくさんお会いしました）。駐在していたから英語ができるのではなく、駐在するための準備期間で、あるいは駐在中にも、周囲に見せないだけで地道な努力をしたはずです。

　住んでいることで自然に英語が身につくのは、小さい子どもの話。大人の場合は能動的な努力をしない限り、わずか3年程度住んだところで、英語が非常にできる状態まで自然に身につくことはありません。

　つまり、**将来英語ができる人になりたい人は、どこかで一度は集中的にトレーニングする機会を持ってください**。特に現段階で800点に満たない場合は、勉強する機会としてTOEICを目指すのは最適です。

　なぜなら英会話という形がないものに向かって地道な努力を継続

するよりも、スコア（＝数字）というわかりやすい指標に向かって努力をするほうが、気持ちの面でラクだからです。

「TOEICのスコアが高くても、しゃべれなければ意味がない」と考える人がほとんどだと思います。だからと言って、「TOEICの勉強をしても意味はないか？」と問われれば、答えは「No」です。将来的に英語ができるようになるために、TOEICは英語力を計るいいモノサシになるからです。

TOEICの対策をとおして勉強の習慣がつけば、その後に英会話のトレーニングをするのは、それほど苦になりません。さらにTOEIC対策のために単語力や文法力、英語脳といった英語力全体の底上げができますので、英会話のトレーニングもずっとスムーズにできます。

将来英語ができる人になるために、まずはTOEICを使って集中的に英語力を身につける。遠回りのように聞こえるかもしれませんが、実はこれまであまり英語の勉強をしてこなかった人にこそおすすめできる、効果的な道筋なのです。

共通点5　自分との約束を守れたら素直に喜ぶ

日々のトレーニングにおいて、実際の力の伸びを、数字以外に自分で感じられることは、めったにありません。

トレーニングを継続するための心のより所は、「やった」というFact（事実）です。スケジュールを立て、自分が決めたことを毎日やっているなら、力はついています。自分では感じられなくても、必ず伸びているのです。繰り返し述べたとおり、**プロセスこそが結果。ファクトベースのトレーニング**です。

プレゼンスでは、Small Win（スモールウィン）という言葉をよく使います。

スモールウィンとは、やろうと決めた、小さなことをやり遂げること。小さなガッツポーズを決めること。

昨日もできたから今日もできると、雪だるま式に自分を乗せてい
くのです。そうやってスモールウィンの好循環（Small Win Cycle）
に入ると、日々のトレーニングが加速します。それに合わせて、ど
んどん力も伸びていくのです。さらに自分に自信がつき、表情も変
わり、言動も変わっていきます。

　反対に、それができなかったとき、つまり、やろうと決めたこと
が実行できなかったとき、スモールロスになります。現状維持では
なく、マイナスです。「やっぱり自分には無理なんだ。あーあ」と、
自分に対する自信をなくしてしまいます。

　そこで落ち込むのは構いません。むしろ落ち込んでほしい。自分
と向き合い、ちゃんとくやしがる。その上でリセットしましょう。
完全に切り替えましょう。そして再度「やるぞ」と決意したその日、
スモールウィンを必ず取りにいきましょう。

　今日、あなたがやるべきことは、何ですか？　自分でやろうと決
めたことを、今日中にやり遂げるのです。そうすれば、Small Win
Cycleに入っていきます。挽回できるのです。

　そうやってトレーニングを継続すれば、英語は必ず身につきま
す。**英語力を身につけられるかどうかは、継続したかどうか。反復
する時間を取ったかどうか。ここにかかっています**。むしろ、これ
だけです。才能やセンスは関係ありません。

　英語のトレーニングをしていると、毎日が、天使と悪魔のせめぎ
合いです。
「今日も頑張ろう」という天使の声。
「今日ぐらい、サボっちゃえ」という悪魔の声。

　最初は5勝5敗でも構いません。むしろ最初から5勝もできたらす
ごい！　最初は何勝であっても、少しずつ、10戦全勝に近づけて
いけばいいのです。その過程で、あなたの英語力は間違いなく伸び
ています。結果は自ずとついてきています。

　ご自身で結果（成果）を実感できる頃には、「自分が決めたこと
を、毎日やり遂げることができた」という確かな自信も手にしてい

るはず。日々の過程をとおして得たその自信は、結果以上に尊いものだと思います。

　さあ、一緒にSmall Win Cycleに入りましょう。

おわりに

　働きながら英語を勉強する人が抱える悩みは、驚くほど共通しています。それは「モチベーションが保てない」こと。

　仕事が忙しいから勉強ができない。勉強ができないからスコアが上がらない。スコアが上がらないからモチベーションが保てない。官僚や弁護士といった「エリート」と呼ばれるような人でさえ、英語ができないのを理由に夢をあきらめていく。プレゼンスを創業した杉村太郎（2011年没）は、そんな様子を何度も目の当たりにしたそうです。

　たしかに、トレーニングの最中はつらいかもしれません。しかし、今あなたがTOEICのトレーニングを始めようとしているのは、就職、転職、昇進といった目的があるからなはずです。毎日のトレーニングをすることで目的達成に一歩一歩近づいていると実感できれば、もうモチベーションが下がることはありません。

　ちょうど筋トレのようなものです。筋トレそれ自体はつらいものですが、毎日黙々と繰り返しているうちに、理想の体に近づいていきます。確実に筋力がついていると実感できれば、苦しくてつらい筋トレにもやりがいを感じられます。

　英語も同じ。毎日黙々とトレーニングをしていれば、英語の力は着実についていきます。単語暗記の復習で単語を覚えていたり、パッセージを英語の語順のまま理解できたりすると、ご自身の英語の力が伸びていると実感できるでしょう。そうなれば、トレーニングにだってやりがいを見出せます。

　英語を理由に夢や目的をあきらめるなんて、あまりにももったいない。ぜひ、この本に書いてあるトレーニングを実践し、やりがいを感じながら夢や目的を達成してください。

　そもそも、杉村がプレゼンスを創業したきっかけは、英語を理由

に夢をあきらめる人を一人でも減らすためでした。ハーバード・ケネディスクールに留学中、杉村は強く実感したことがあります。それは「英語さえ克服できれば、日本人は世界一の存在感（プレゼンス）を発揮できるのではないか」ということ。プレゼンスのトレーニング方法を教えることで、世界をよりよい方向へ導く日本人を増やしたい。それがプレゼンスの想いなのです。

「はじめに」で紹介したHさんや239頁でご紹介した佐々木圭一さんも、英語を克服して世界に羽ばたいています。次は皆さんの番です。

　本書を出版するにあたり、お世話になった方々に心より御礼を申し上げます。特にダイヤモンド社の和田史子さん、上村晃大さんには、根気よくご指導いただきました。「これぞプロの仕事」と何度も学ばせていただきました。

　最後に、プレゼンス創業者の杉村太郎の言葉を引用して、本書を締めくくりたいと思います。

英語教育を始めたのは、レバレッジがきいて、信じられない領域まで人を羽ばたかせてくれ、プロフェッショナルとはどういうことかを教えてくれる、こんな強烈なツールは、英語のほかにないと確信したからだ。

（『週刊ダイヤモンド』2011/08/06号 p.93より引用）

［編者］

プレゼンス

2001年に東京・表参道で開講した日本初の英語コーチングスクール。
創業者の故杉村太郎がハーバード・ケネディスクールに一発合格した勉強法をベースにカリキュラムを考案。コンサル、弁護士、総合商社、メーカー、教師、国家公務員など、特に多忙で知られる職種を中心に、延べ2万5000人以上が学んだ。「全然時間が取れない、でも仕事・留学のために絶対英語を勉強しなければならない」という人のために、効率を極限まで上げたカリキュラムを持ち、勉強時間を捻出するノウハウを蓄積している。

日本最高の英語コーチングスクール
プレゼンス式TOEIC® L&Rテスト勉強法

2020年2月19日　第1刷発行

編　者——プレゼンス
発行所——ダイヤモンド社
　　　　　〒150-8409　東京都渋谷区神宮前6-12-17
　　　　　http://www.diamond.co.jp/
　　　　　電話／03-5778-7234（編集）　03-5778-7240（販売）
装丁・本文デザイン— 武田厚志（SOUVENIR DESIGN INC.）
本文イラスト—ケン・サイトー
ＤＴＰ———桜井淳
校正———鷗来堂
製作進行——ダイヤモンド・グラフィック社
印刷———新藤慶昌堂
製本———加藤製本
編集担当——上村晃大